Andreas Hoppenrod

Stammbuch aller namenhafter und in Deutschland berühmter

Fürsten, Grafen etc.

Andreas Hoppenrod

Stammbuch aller namenhafter und in Deutschland berühmter Fürsten, Grafen etc.

ISBN/EAN: 9783742895783

Hergestellt in Europa, USA, Kanada, Australien, Japan

Cover: Foto ©Thomas Meinert / pixelio.de

Manufactured and distributed by brebook publishing software (www.brebook.com)

Andreas Hoppenrod

Stammbuch aller namenhafter und in Deutschland berühmter Fürsten, Grafen etc.

Stammbuch

Oder

Erzölung aller namhaffter

vnnd inn Teütschen Historien berümpter Für=
sten/ Graffen/ vnnd Herren Geschlechter/ wölche vngefehrlich jn=
nerhalb Tausent vnnd weniger jaren/ ihre Herrschafften inn den Sächs
sischen Landen/ zwischen der Elbe vnnd dem Rhein/ vom Hartz
wald biß an die West Sehe/ vnd Dänische grentz/ besessen/ vnd
volgends jhren nachkommenden biß auff jetzige zeit
mit Rhům zů besitzen haben
hinderlassen.

Zůsamen bracht/ durch

Andream Hoppenrod/ Pfarrherrn zů Heck=
stet/ inn der Graffschafft Mansfeld.

Mit Römischer Key. Mai. Freiheit auff acht jar.

M D. LXX.

Den Edlen / Gestrengen

vnd Ehrnvesten Herman/Hansen/vnd Wolf=
fen von Weissenbach gebrüdern/Auff Krimitzau vnd
zům Thorm wohnhafftig/deß Heiligen Römischen
Reichs Erb Rittern/meinen günstigen Herrn
vnnd Junckern.

Gottes genad vnd fried durch Chri=
stum zůuorn/Edle/Gestrenge/vnd Ehrnve=
ste herrn vñ Innckern/E.G. Hanß von Weis=
senbach wissen sich sonder zweiffel zůberichtē
wie ich etlich mal mit jhr gered von einem Ca=
talogo / oder Stammbůch der fürnemlichen
herrschafften vnnd Graffschafften / so jhe=
mals in Sachsenland gewesen vnd noch vorhanden weren/vnnd
was sie sich darauff vernehmen lassen/Als nemlich daß dise arbeit
jr nur sehr wol gefiele. Wañ ich denn nu die zeit vber/so ich vom pre
digen raum gehabt/mich daran gemacht/vnnd also durch Gottes
gnade den selbigē verfertigt habe/weiß ich keinen/dem ich jhn nach
alter vnd löblicher gewonheit möchte zůschreibē vnd dediciern/als
eben E. G. vnd der selben beyden geliebten Brüdern. Dann be=
neben vielen vrsachen/bewegt mich zům ersten E. G. gantz geneig
tes vnd mildes Hertz gegen alle fromme trewe Lehrer vnd Predi=
ger/welchs ich dañ mit warheit neñen kan vnd soll/daß mir E. G.
vill gůtthat bewiesen/vnd biñ zweiffels ohn/ Gott der Herr würt
es hie vnd in jenem leben vnbelohnet nicht lassen/sintemal die ver=
heissungen vnd exempel der Heyligen Göttlichen schrifft/ vorhan=
den.

Darnach zům andern bewegt mich auch dazů /daß von wegen
der hocheit E. G. familien/ Item vmb desselbigen gar alten Ehr=
lichen herkommens vnd Ritterlichen namens/ auch tapffern tha=
ten willē/E. G. rühmwürdigs Geschlecht gerne wolte durch eine
richtige ordenung inn druck bringen. Denn ob ich wol weiß das E.
G. nicht lust haben zům zeitlichen rhům/oder eüsserlicher herrlich=
keyt/jedoch weiß ich auch das Gott saget durch den weisen Man/
Das gedechtniß der gerechten bleibt im Segen. Darumb will ich
E. G. familiam vnnd geburt linien / so viel mir bewust vnnd finden
habe können / auß alten verzeichnüssen der Todten Register des

Closters Franckenhausen/ vnnd andern schrifftlichen vrkunden/
alhier kürtzlichen erzehlen/ mit diser tröstlichen zůuersicht/ E. G.
werden ja kein mißfallen daran dragen/ vnd haben. Vnnd will
als zům grunde vnnd ankunfft E. G. Stammenbaums setzen/
Hansen von Weissenbach/ der Anno 908 auff dem Thurnier
ist gewesen zů Merseburg/ vnnd ob es wol an dem/ das E. G.
löbliche alt vnd vrältere lange vor diser zeit gewesen/ doch weil sie
inn disen landen nicht wohnhafftig/ auch am meisten inn ansehen-
lichen kriegen/ frembder Königreichen vnd landen sich verhalten/
vnnd Ritterlichen darinnen gefochten/ hab ich den anfang an ob-
genanntem Hansen von Weissenbach nemen wöllen/ der hat ge-
zeüget zwen Söne

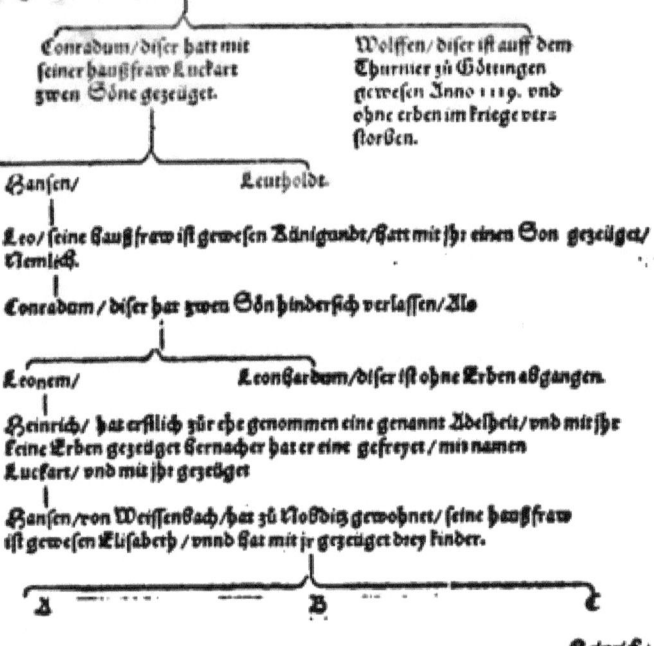

Conradum/ diser hatt mit
seiner haußfraw Luckart
zwen Söne gezeüget.

Wolffen/ diser ist auff dem
Thurnier zů Göttingen
gewesen Anno 1119. vnd
ohne erben im kriege ver-
storben.

Hansen/   Leutholdt.

Leo/ seine haußfraw ist gewesen Künigundt/ hatt mit jhr einen Son gezeüget/
Nemlich.

Conradum/ diser hat zwen Sön hinder sich verlassen/ Als

Leonem/   Leonhardum/ diser ist ohne Erben abgangen.

Heinrich/ hat erstlich zůr ehe genommen eine genannt Adelheit/ vnd mit jhr
keine Erben gezeüget Hernacher hat er eine gefreyet/ mit namen
Luckart/ vnd mit jhr gezeüget

Hansen/ von Weissenbach/ hat zů Noßdiß gewohnet/ seine haußfraw
ist gewesen Elisabeth/ vnnd hat mit jr gezeüget drey kinder.

A   B   C

Heinrich/

A

Heinrich/ diser hat auff dem Fuchßbayn gewohnet/ vnnd zwen Söhn gelaſſen

Hans/

Nicolaus/ diser ist zum Ritter geſchlagen/ vnd der Els reich gemeint worden/ ſeine hauſsfraw iſt geweſen Gut ta/ vnnd hat mir jr getzüget fünff kinder

Buſſo/ Ritter auff Poniß

| Buſſo/ Ritter | Nicolaus/ 1560. |

Heinrich/ iſt ein thumherr worden/ zu Meiſſen Anno 1560.

Heinrich/ Dieterich/ Georg/ Bartho-Conradus lomeus Dietrich

Petrus/ rina/ hat seine hauß einen vnd fraw Els Brüll/ ſe
wig gefreyet

Marina hat zu Weiſſenbach gewohnet.

Herr Heinrich/ Ritter/ ſeine hauſsfraw Eliſabet.

Herr Nicolaus Ritter

Herr Hans Ritter

Herr Hans/ diſer iſt beyder Rechten Doctor geweſen zu Cöln/ der Kirchen Petri vnd Pauli Propſt/ Sanct Nicolai zu Eßwoller vil Prüber Jung/ Einem Alter/ Ein hauß für die armen vnd erbaw zum den armen leuten am Dorff Weiſſenbach zu ewigen zeiten geſtifftet.

B

Hans/

Dieterich/ hat zu Moniche wald gewohnet/ vnnd ge zeiget zwen Söne

Conradum/

Johs/ ſeine hauß fraw Luchart.

Leonem/ alias Lar ther hat zu Cöln gewohnet

Heinrich/ zu Cöllen

Gerhart/ ſeine hauſsfraw Kuni gund.

Dieterich

Conrad/ ſeine hauſsfraw Eliſabeth

Heinrich

Es iſt wol glücklich daß diſe Stame auch hohen Kinder getzeuget/ vnnd Kinder ſich verlaſ ſen/ dieweil ſie aber nicht im Bloſter Franckenhauſen begraben ſind/ iſt jhrer geſchwiſ gen.

C

Gerdraut.

Conrad/ diser hat gewohnet zu Bamberg/ ſein Son iſt

Herman/ diser iſt ſampt ſeinem vettern zum jetzi gen angezegen/ inn einem Inſtrument/ ſo zwiſchen dem Burggraffen von Starckenberg Heinrichen/ vnd dem Herrn von Starckenberg Friderich/ do wei gen etlicher verſetzten güter/ iſt außgericht wor den. 1560.

D

Hans/

Hans/ diſer hat gewohnet zu Weiſſenbach/ vnnd mit jhr getzeuget zwen Söne

Peter/

Reinhart/ ſeine hauſsfraw iſt ge weſen Kunigund Boſin/ hat zu Weiſſenbach gewohnet vnd fünff Kinder getzeiget.

Herman/ ſeine hauſsfraw Frederina hat gewohnet zu Weiſſenbach vnnd mit jhr getzeuget zwen Söhne

Bahn/ diser hat getzeuget mit ſeiner hauſsfrawen fünff Kinder

| Wolffer Keys ſer Friderin ger zur Reb ternia gehan ben. | Kunſbart Schneyder zu Cöln wor ben. | Zu-gunbt hat einen Cöln gehan ben. | Margaret zu Cöln gehan ben. | Cathrin zu dem Daffwaſen dienſt gehan ben. |

Phit mer jm jr erſtachen wohn auch Weiſſenbach die...

)(

iij

Herr Otto / Ritter / sein haußfraw Elisabeth von Baußig / wohnt zu Weissenbach / hat mit ihr drey Söhne gezeiget.

Herman / Ritter.

Albrecht / Ritter.

Künigund.

Lucia.

Herman / hat gewohnet auff Schonfeld / mit groß gehabtem Gefecht / im Preussen gedienet wider den König von Polen / ist gestorben Anno 1481 / im Preussen gedienet wider den Juden / ist auch ein hoch verdienter Raht und Hauptman gewesen nach Simonis und Judæ / seine Haußfraw ist gewesen Herr Dietrichs von Mil = der Thur und Fürsten zu Sachsen / seine Haußfraw ist gewesen Herr Dietrichs von Mil = titz auff dem Scharffenberg hochgeboren / welche gestorben ist Anno 1504 / hat drei Söhne gezeiget.

Elisabeth / ist Albrecht von Gottaw / auf seinen Seligen vermehlet.

Johannes / ist Bischoff zu Meissen worden.

Bastian / sein gemahel Margreth von Kreissen.

Herr Wolff Ritter auff Schönfeld ist Hauptman zu Altenburg ge = wesen / her vom Kaysar Maximiliano ein öffentlich Mandat.

Herr Hans / Ritter wonhafftig uff Krimmitz = schaw und zum Thorn / sein gemahel ist Catharina von Einsiedel auffm Gnandstein gewesen / hat gezeuget sechs Kinder.

Catharina / Otto von Großer wig vermehlet.

Hans / von Weissen = bach.

Herman / ihm Albern = berg.

Herr Otto / dieser / als die von Meldingen abstorben / erlangt den Erbritterstand des heiligen Römischen Reichs / ist gestorben in Kayserlicher Mai. diensten wider die Venediger / ligt im Welschland zu Vincentz begra = ben im Barfüsser Kloster Anno 1509.

des Geschlechts begnadeten Erbritterstandes / auff dem Reichstag zu Augs = purg erlangt / und durch die fünff Reiche Gerolden publiciren lassen / sein haußfraw Catharina von Baußberg / hat mit ihr zwölff Kinder gezeiget.

Herman / hat einen vß Schönberg / von Lim = pach / ist eine vß nach gehabt / wor = net auff Krimmitzschaw.

Hans / Anfencklich auff Krim = mitzschaw / jetzzt aber zu Becker hat etliche vom Zayn von alten Gütern ir gehabt / nach irem abster = ben wiederumb Inna von Zayen / von Becke = merolsen / Oßwalden von Trevilgen nachge = lassen wittwe gefreyet.

Wolff / ihm Thorn wo = hafftig / sein haußfraw ist eine vß Mühingen.

Elisa = beth / Otto von Gößel von Göße ist gefreyet.

Catharina / ist jung geweßen / zu Meibeig gesessen / verw trawet.

Joachim / Hans Wilhelm / Otto / Wolff / Dietrich / Herman / Christoff / Hieronymus / alle des heyligen Römischen Reichs Erbritter. Inna / Catharina / Elisabeth / Barbara.

Inn difer Genealogia finden fich zwar feine Adeliche / hochver-
ftendige vnd erfarne Männer / welcher viel jres ehrlichen gemüts
vnd dapfferer thaten wegen hoch geehret / vnd zů Rittern gefchla-
gen worden feind / wie vnder andern zů erfehen ift an Herrn Nico-
lao von Weiffenbach / fo gelebt hat vmbs jar 1360.

Item wie feine hochgeachte leüt feind jetzgedachtes Herrn Nico-
laj Erben gewefen. Als fonderlich Johanes der Rechten Doctor
vnd præpofitus der Kirchen Petrj vnd Paulj zů Zeitz / welcher noch
gelebt hat Anno 1472. Item herr Reinhart Thumprobft zů Zeitz.

Auch feind Ottonis võ Weiffenbachs nachkomen fo hochrünm-
lich geftiegen / das fein Son Johanes zům gefürfteten Bifchoff
zů Meiffen erwöhlet / vnd beftettigt ift worden. Defgleichen fein
Brüder Hermannus / der Chur vnd Fürften zů Sachfen / trewer
vnnd hochgeachter Raht / vnnd ein Hauptman des Voytlands
würt / vnd bifi an fein ende bleibet.

Endtlichen ift Herr Otten von Weiffenbachs gefchlecht / vñ al-
len deffelbigen nachkomen / verdrawet der hohe Erbritter ftand
des heyligen Römifchen Reichs / beneben den von Andelaw / Fra-
wenberg / vnd Strundeck / vnd haben darüber Anno 1510 offent-
lich auff dem Reichftage zů Augfpurg / võ Keyfer Maximiliano
eine lobliche Ratification bekommen / welche dann im druck auch
offentlich aufgangen / vnd noch vorhanden ift.

Damit nun difi hohe alte Edle gefchlecht / der von Weiffenbach
nachmals gerhümet / vnd ehrlich geacht werden möcht / vnnd im̃
Brun der vergeffenheit nicht dahien flieffen / hab ich die gantze Ge-
nealogiam ordentlich gefaffet / vnd hieher gefetzt / Vnd bin der tröft-
lichen zůuerficht E. G. werden an dem kein miffallen dragen / fon-
dern dife meine arbeit jhnen gefallen laffen / vnd fie beneben andern
frommen Chriften nach jrem mafi helffen fchützen / vnd verthädin
gen wider die Leftermeüler vnd Nafeweifen / denen man nichts zů
danck fchreiben / vñ machen kan. Vnd will alfo E. G. allen fampt /
beneben der felbigen geliebten Hauffrawen vnd Kinderlein / die
gnade vnfers Herrn Jefu Chrifti / vnd die liebe Gottes / vnnd die
gemeinfchafft des Heiligen Geyftes / von hertzen gewünfcht habe /
das fie bey eüch allen fey / Amen. Datum Heckftet den 18 Februarij
an welche der Heylige Lutherus für 24 jaren feeliglichen im Herrn
Chrifto entfchlaffen. M. D. LXX.

E. G. Dienftwilliger /

Andreas Roppenrod /
Pfarherr dafelbft.

)(üj

An den Christlichen
Leser.

DER Heilige Prophet Oseas / klagt
gar schmlich vnnd ängstiglich vber den Sündlichen
zůstand seiner zeit / da er sagt am vierdten Capitel.
Höret jhr Kinder Israel des Herren wort / denn
der Herr hat vrsach zů schelten / denn es ist keine
Trew/keine Liebe/kein wort Gottes im lande/ sondern Gottsle-
stern/ Morden/ Stehlen vnd Ehebrechen hat vberhand genom-
men/ vnd kompt eine Blůdtschuld vber die ander/ darumb würt
dz Land jämerlich stehn vnd allen einwohnern würts vbel gehn/
doch man darff nicht schelten / noch jhemand straffen / denn dein
volck ist wie die so die Priester schelten. rc. Gleich also mögen auch
wol jeziger zeit/alle fromme/trewhertzige Lehrer vñ Prediger klagẽ/
dz es in der welt vbel zůgeht/vnd alle sünden empor schweben/ vñ
die leüt darinnen noch wöllen recht haben/keine straff leiden/od an
nemen zůr besserung. Darumb mag sie auch die straff habẽ dz es in
allen landen jämerlich stehet/vnd den einwohnern vbel gehet.

Nůn ist vnder andern sünden/die jeziger zeit im schwanck gehn/
auch nicht der geringsten eine/dz man nichts so gůt/recht/ wolmei-
nend machen oder reden kan/das es nicht zům ärgsten würt gedeü
tet vnd aufgelegt/ vnd obs wol an deine/das der heilige Petrus sa
get/dz alles afterreden seine Endschafft gewiñet/weñ vnsere gůte
werck an dẽ tag koñen/doch geht es in der welt zů wie jehner sagt.

Calumniare audacter semper aliquid haeret.

Es bleibt allzeit was kleben/wo Lesterspeichel würt hingeworffen.

Solchs kompt aber von dem Teüffel/ der füret den namen/
darumb das er heist Diabolus/ das er weidlich kan vbel deütten/
afterreden / lestern/verleümbden / vnnd sonderlich was recht
vnnd gůt beides von Gott/vnd seinen Christen gethan vnnd ge-
redt/würt.

Wie wir solchs sehen / an dem Wort Gottes das er zů Eua
geredt hat/ Sie solten nicht essen von dem Baum des erkannt-
nuß Gůttes vnnd Böses. Hilff Gott wie verderbet er da sein
Lestermaul / wie gebraucht er solche glatte vnnd schöne Lugen/
biß er Euam beredt vnd aufffetzet.

Solch

Solch kein Meisterstuck hat er jhe vnnd allwege an den lieben Christen bewiesen / daher klagt der heylige Dauid vber solche Lesterzung im 57 Psalmen. Die menschen kinder seind flammen / jre Zeene seind Spiesse / vnnd Pfeyle / vnnd ihre Zungen scharpffe Schwerter. Item im 140 Psalmen / Sie scherpffen jhre zunge wie eine Schlange / Ottergifft ist vnder jhren Lippen.

Solchs lestern / verleümbden vnd angreiffen / werde ich sonder zweiffel auch erfahren / vnd sehen inn disem meinem Büchlein / wie den die Nasweise vnnd vberklůge Welt kinder vnnd Schell Theologen albereid sich haben hören lassen / Es wundert sie nicht ein wenig warumb ich dise arbeyt habe fürgenommen / Seintemal es erstlich wider den befehl Pauli sey / da er schreibt an Titum / das er sich soll der thorrichten fragen der Geschlecht Register entschlagen.

Zům andern / Sey es nirgent zů nutze das man gleich die familien / die Geschlecht Register der Herrn vnd Fürsten wisse.

Endlichen schreiben sie als gantz gewonnen / Es seind nur zůsamen geraffte Lumpen / vnd Rapsodien auß anderer leüt Bücher vnd verzeichnussen.

Ob ich aber nůn wol weiß / das der heylige Prophet Dauid sagt im 140 Psalmen / Ein böses maul würt gestürtzt werden / vnd 8 12 Psalmen sagt / Der Herr würt außrotten alle heůcheley / vnd die Zunge die da stoltz redet / So will ich doch kurtzlich solchen losen leüten wie sie der Psalm nennet / antworten / damit sie nicht gedencken jr lesterdreck sey eytel Bisem / vnd vrsach darnach nemen ander leüt auch anzůgreiffen / vnd auß zůtragen.

Vnnd erstlichen / weiß ich Gott lob sehr wol dz der heilige Paulus an Titum schreibt das er sich sol dz Geschlecht Register entschlagē / Lieber aber was meinet der heilige Paulus für Genealogias: Sihe an die vorgehenden vnd nachfolgenden wort / so würstu befindē was er haben will / Nemlich dz man sol die törichten fragen der geschlecht Register / die da zanck vnd streit geberen / auch gar vnnutz vnd eytel sein / gantz faren lassen. Als die Juden auff jren Stanienbaum drungen / vnd so gnaw darauff stunden / das sie auch darmit brangeten / vnd schier als dardurch Gott wolten die nähsten sein / vñ da es andere nit hatte / sie verachteten vñ zů werck legten. Item sie liessen anstehn Gotes wort / gesatz / vnd die rechtē Gotes dienst / vnnd begaben sich auff die Stammenbäum des Herrn Christi /

X 2

Mariæ vñnd Iofephi die gründlich zůerforfchen/ gleichfam als were darinnen die Seeligkeyt/ vnd das Ewig leben zůfinden.

Wie denn Eufebius fchreibt/ das Aphricanus der alte Hiftoriographus/ an Ariftidem fol gefchrieben haben/ vnd verworffen die Gefchlecht Regifter aller derer fo für jhm die felbigen zůfammen getragen hatten/ von Chrifto vnd Maria/ auß den vrfachen wie ob gemelt/ vnnd feine meinung an den tag geben. Diß zancken/ das gantz vnnötig/ vnd eytel ift/ verwirfft der Heylige Paulus/ vnnd nicht die Stammenbeum der Fürften vnd Regenten/ wa man fie haben kan/ fintemal fie/ wie bald folgen würt/ zům rechtē verftand der Hiftorien nicht wenig nutz bringen. Vnd fo es an fich felbft fünde were Gefchlecht Regifter machen vnd auffrichtē/ warumb hat denn der heylige Gaift felbs beydes/ der frommen vnd böfen/ geburt linea verzeichnet/ Als wir an Abels/ Cain/ Abraham/ Ifmahel/ Jacob/ Efau/ vnd vaft an allen Ertzuättern/ vnd darnach durchauß auch in allen Hiftorifchen Büchern der Bibel fehen. Summa den mißbrauch/ aberglauben vnnd hoffart/ fo man damit fucht/ ftrafft S. Paulus/ vnd nicht waß nutze vnd gůt darinnen ift.

Zům andern/ das fie fchreiben/ es fey eine vergebliche vnd vnnutze arbeit. Hierauff will ich jhnen alfo antworten/ dz fie jre thotheit mögen fehen/ inn bedrachtung das der weife Man fagt/ Einem Narren antworte nach feiner Thorheit/ das er fich nicht laffe klůg duncken. Es ift ein fprichwort/ Wan wir nicht alle können dichten/ fo wöllen wir doch alle richten/ Das ift etliche jar her gewaltiglich practicirt worden/ vnd nimbt jhe lenger jhe hefftiger zů/ alfo das auch Bawr vnd Burger/ gelerte vnd vngelerte/ fich vnderftehn die fchrifft zů meiftern vnd zů vrteylen. O deß Richtens/ viel beffer were es/ fie blieben fchüler vnd jünger der fchrifft/ den folche vnzeitige Richter vnd Meifter/ fo möchte es auch beffer ftehn in allen Religons fachen. Dieweil fie dañ folches Richtens nůn gewohnet/ vnd inn hohen fachen gebraucht/ ift nicht wunder das fie auch kommen in geringe händel vnd Bücher/ vnd da nach jrem gůt duncken junen willen.

Das jr richten aller falfch vñ vnrecht fey/ erfcheinet auß den groffen nutzungen fo auß difen Hiftorifchen anzeichungen erfolgen.

Dañ erftlichen ficht man darauß gewaltiglichen/ wie Gott im Himmel fo wunderlich einen menfchen/ auch geringes ftandes/ herfür zeücht/ vnd fetzt jhn zům hohen Regenten/ der Welt mit gůttem recht/ vnnd gerechtigkeit vorzůftehen. Als da nimbt er den
trewen

trewe vnd fleißigen haußvatter vñ præceptorn der kinder Ottonis des Keysers / Hermannum / vnd macht jhn zům Hertzogen in vñ der Sachsen / vnd Churfürsten des heyligen Römischen Reichs. Da nimbt er Lotharium einen Herrn zů Querfurdt / vnd Graffen zů Arnsberg / setzt jhn zům Keyser des Römischen Reichs. Also bekrefftigen dise Exempel die wort der heyligen Junckfrawe Maria / da sie singet / Er stosset die Gewaltige vom Stůl vnd erhebet die Nidrigen.

Zům andern / zeygt dise kurtze verzeichnuß an / Wie Gott der Herr eüsserliche Regiment vnnd frummer Christlicher Regenten Geschlechte erhelt / vmb Zücht / Friede / Gerechtigkeyt / vnnd der reinen seeligmachenden Lehre willen. O wie viel Reich der Welt giengen dahin / vnnd weren allbereith zůstoben / wenn Gottes wort thette / vnd die frommen Christen mit jhrer vorbitt vnnd gebet / vmb derer willen bleiben land vnd leüth / haben Segen vnd glückliche wolfart.

Wie nůn Gott der Herr Land vnd Leüth segenet vmb gerechtigkeyt vnd seines worts willen / Also strafft er sie widerumb / vmb der sünde vnd verfolgung willen seines namens vnd fromer Christen. Wie denn im Propheten Daniel steht am 2. Capitel / Du setzest König ab / vnd setzest sie ein. So lange Hermannj geschlecht des ersten Hertzogen inn vnder Sachsen fromm war / so lang hat es glück vnd segen von Gott / welchs sich biß iñ das fünffte glid erstreckte. Als bald es aber abfiel vom Christen glauben / vnd die vnderthanen mit vnerhörten schatzungen druckte / auch vrsach mit seinem wanckelmůt vnd nichthaltung der gethanen pflicht / zůr verderbung der lande gab / můste sein name außgerottet werden. Denn es heist / periit memoria impii, justi autem manet cum laudibus.

Zům dritten / sihet man allhier auch gewaltiglich / alß inn einem Spiegel / wie Gott den zůrrütten vnd zůrfallenen Regimenten auf hilfft durch fürtreffliche hohe personen / so im regiment wie der Morgenstern leüchten. Alß das regiment bey den Orientalischen Keysern einen grossen fall bekommen / hatte Gott Carolum den Grossen erwecket / vnnd durch jhn das Römisch Reich inn Occident lassen wider auffrichten. Also hatte er auß dem Geschlecht Widekindi geben Heinricum Aucupem / vnd die Ottones nach einander. Weiter da Keyser Heinrich der fünfft hatte das Regiment / sonderlich in Sachsen schändlich verwüstet / da gab Gott der Herr den Lotharium / Graffen zů

Quer

Querfurt der halff jhm wider auff. Item da Heinrich der Lewe durch seinen stoltz dem Hertzogthumb Sachsen einen mechtigen abbruch gethan hatte/ erweckte Gott auf dē Anhaldischen Stam̄ Albertum den Beern genannt/der halff jhm auch wider zum vori gen stande.

Zum viertē/zeigt vns diser Catalogus oder Stam̄büch vil schö ner Exempel herrlicher tugenden/der gehorsame/der sonderlichen stercke/vñ dapfferkeit/geduldt/Gottseligkeit/keüscheyt/gerechtig keit. Also da Hermannus sieben Bawren die er zu eygen hatte/hien richtē liesse nach dem sie auff der Strassen geraubet hatten. Item haben die Hartzgraffen nicht eine gestrenge gerechtigkeit bewiesen an Graff Dieterichen von Wernigeroda/da sie ein Feldgerichte v ber jhn gehalten/vnnd also balde jn vmbbracht/ nach dem er solte den Landfriedē gebrochen haben/wie Crantz schreibt in Saxonia sua lib.10.cap.7.

Zum fünfften / lernen wir alhie auch Gottes zorn vnd straffen vber Sünde vnd Missethat/mit zurrüttung der Herrschafften vñ veränderung länder vnd leüte. Die Herrschafft Winsenburg hat ein ende nehmen müssen/ alß der letzte Graff Hermannus ist ersto chen wordē/ von wegen des begangnen Ehbruchs/vñ hat sie das Stifft Hildesheym an sich gezogen. Der Graff von Eberstein ist vmb des auffrhürs willen/wider seinen eigenen herren angefangē/ mit den beynen auffgehenckt/biß er also gestorben.

Zum letzten / erjnnert vns auch diser Catalogus oder Stam̄büch 8 herrlichen wort Danielis am zwölfften Capitel/ da er also sagt/ Er würt denen so jhm helffen stercken Maosim mit dem frembden Gott/grosse ehr thū/sie zu Herren mache vber grosse güter/vnd dz land zur lehen auftheilen. Solche wort könen wir inn rechter be trachtūg der Historien iñ disem Catalogo od Stam̄büch ein wenig verstehn. Denn hat nicht der Bapst fast alle Herrschafften vnnd Graffschafften zu sich gezogen/vñ denen geben zur Lehen/so jm ha ben helffen seinen Gott Maosim stercken/vnd seine dienste fortse tzen? Es werden vber hundert Herrschafften alhier angezogen/ darunder jr wenig vorhandē/die Dochter(wie Bernhardus sagt) hat die Mütter gefressen/ wie für augen zusehen/daß die Stiffte vnd Clöster/haben jre Stiffter verschlungen.

Dise vnd vil andē Nutzungē mehr findē sich in fleissiger verlesung dises kurtzen Catalogi oder Stam̄büchs. Darumb mögē die Lester meüler wol schweigen/vñ jren Zaan an einem scharpffen Schleiff

stein wetzen vñ diß arme Hopffenstreüchlin mit frieden lassen/ wel
che ich auch zům fleisigsten hiermit will gebetten haben.

Zům driten/ Das sie auch mit weitem Maul brüllen/ Es seind
nůr Rapsodien vnd zůsammen gelesene Lappen/ mag ich wol lei-
den/ inn milter bedrachtung das ich auß den fingern nicht hab sau-
gen können solche alte Historien vnnd familien/ sondern hab sie ne-
men müssen da ich sie gewust zů finden / vnd achte es viel besser sein
warhafftige dinge schreiben deñ etwas auf eygenem kopffe erdich-
ten/ vñ also zů Marckte bringen/ wie offt geschicht/ vnd mit solchen
doxis vnnd eygenem erdichtem fürgeben der warheit weidlich ge-
walt würt zůgefüget.

Ich will aber hie freüntlich gebetten haben / da jhemand were
der bessern vnd weitleüfftigern bericht hette/ oder wuste jhn zů be
kommen von disen historien/ der diene hiemit günstiglich der war-
heit/ vñ helffe vmb oberzelten vrsachen willen/ das solches mit der
zeit auch ans liecht koñe/ vñ wolt Gott es möchte diser Catalogus
oder Stañbůch eine anreizung sein dz sich vil herfür machten/ vñ
brechten an den tag die alten geschicht der Sachsen / das man als
denn einegewisse/ vnd weitleüfftige Historien haben möchte.

Am ende můß ich dz auch sagen/ ob man ja mit mir zůfriedē sein
wolte/ das ich disen Catalogum oder Stañbůch habe dē Ehrwür
digen/ vnd wol erfarnen iñ allen Historien/ M. Cyriaco Spangē
berg/ der Kirchen zů Mansfeld Dechant præsentirt/ vnd vmb seine
Censur gebetten/ die er mir denn gůtwilliglich mitgetheilt/ vnd also
nicht wenig zů diser arbeyt geholffen hat/ Gott dem Herrn in seinē
schutz befohlen Amen. Anno M. D. LXX.

IN ZO-

IN ZOILVM.

Mein lieber Meister Zoilus/
   Wenn du bist ein Theophilus/
An dich ist das mein freündlich bitt/
   Du woltest mich verdammen nit/
Dan dir bekant ist Gottes wort/
   Das solchs verbeüt an allem orth.
Ich hab gethan was ich gekundt/
   So du was weist/ist dirs vergundt/
Schreib/red/dicht auch was warheit ist/
   Vnd sey darin ein recht Sophist/
Ich aber leider fürchte das/
   Es gehe mit dir/wie jhener was/
Der alls verschmacht/was er nicht wust/
   Vnnd nur am seinen hatte lust.
Denn kunst pflegt keinen feind zů han/
   Dann einen vnerfarnen Man.
Derhalben laß du dein stumpfieren/
   Man würt dich sonst auch Registriern.
Denn du wol weist deins vorrahts Ehr
   Wie klein sie ist/ich sag nicht mehr.

Quod sis, esse velis, nihilque malis. Vale.

IN EVNDEM

Quid stas? cur librum naso suspendis adunco?
   Distrahis ad patulas ora quid ampla tuas?
μωμεῖζυ facile est cuiuis, sed ritè μωμεῖζυ
   Qui queat, ex multis unus & alter erit.
Si nescis, tenta, multum sudabis, & ista
   Verba tamen dices: Hoc opus, hic labor est.

LITHÆVS.

IN CA-

IN CATALOGVM CO-
MITATVVM TOTIVS SAXONIAE

Reuerendi & Doctiss: uiri, D. Andreæ Hoppenrhodii,
Pastoris Ecclesiæ Hecksterensis Epi-
gramma ad Lectorem.

Digna utris laus est, & gloria digna fauore,
   Plurima terrarum peruolitasse loca,
Hinc, quia multorum mores cognouit, & urbes,
   Dulichius claret sydera adusque poli.
A multis summa celebratur laude Poëtis
   Expertisq́ uiri nomen adeptus habet.
Ast alius contra ridenda est fabula uulgi,
   Qui patriæ egreditur mœnia nulla suæ.
Laudandum est igitur studium laudandaq́ docti
   Hopprhodij uirtus ingeniosa uiri,
Quòd ueterum Historias uoluens iterumq́ reuoluens
   Magnæ permensus sit regionis iter.
Namque animo uigili latè loca cuncta pererrat,
   Quæ nunc Saxoniæ gens populosa tenet.
Nec tantùm terras lustrat: sed digna relatu
   Quæ sunt, ingenua sedulitate notat.
Terrarum Dominos & gesta recenset eorum,
   Sæpe etiam certi quæ sit origo loci.
Conuenit hæc homini studiosa scientia, præter
   Cætera qui debet nosse quod antè fuit.
Nouisse ante oculos quæ sunt præsentia sola,
   Ista decet brutas inscia uita feras.
Quare Saxonicas qui res cognoscere gestas
   Expetis, & quo sint quælibet acta loco:
Hunc lege concinna scriptum breuitate libellum,
   Qui claudit gyro grandia sensa breui.
Si titulum spectes & uerba, Catallogus esto,
   Si res, tunc operis non breuis instar erit.
Grata igitur mente hoc, Lector, fruitare labore,
   Tempora & autori læta precare. Vale.

Bartholomæus Stein F.

Catalogus / vnnd verzeich=
nus der fürnembsten Graff vnd Herrschaff=
ten / so inn gantz Sachsen landt vorzeiten
gewesen / vnnd zum theil noch
vorhanden seind,

Aldenhausen eine Graffschafft / ist gele=
gen vnder Magdeburg inn der Marck / es hat darzu
gehöret die Osterburg.

Herr Wernher Graff zu Osterburg / des Ehelich gemahel ge=
wesen Fraw Helida Marckgraff Otten zu Soltwedel / des grof=
sen Graffen zu Ascanien Tochter.

Anno 1210 hat gelebt Graff Seyffert von Aldenhausen / dem
hat Marckgraff Albrecht zu Brandenburg das Státlin vnnd
Schloß Osterburg abgewonnen / vnd widerumb zur Marck ge=
bracht. Brottauff lib.2.Cap.8. in Genealogia Anhaldiorum.

Anno 1352 hat das Stifft Magdeburg dise Herschafft in=
nen gehabt / denn da zwischen den Thumherrn vnd Burgern ein
grosser vnwill entstunde / von wegen etlicher Bürgschafft / damit
die Thumherrn für Bischoff Otten verhafft waren / der den Bur=
gern groß gelt abgeborget / vnd die Thumherrn die Burger nicht
bezalen wolten / kam es zu einem kriege. Also das die Thumherrn
sampt jren genossen auff die Burger raubeten / jhnen das vieh na=
men / wurden die Burger auch verursacht sich zur gegenwehr zu
stellen / vnd zogen auch auß mit wehrhafftiger hand / nahmen dem
Stifft vil Heüser ein / da wurden vnder anderen auch Aldenhau=
sen von den Burgern eingenommen / vnd gar aufgebrandt. Chro.
Magd. & Saxo.

Anno 1371 hat der 31 Ertzbischoff zu Magdeburg Albertus
vom Sternberge / dise Herschafft vom Stiffte verkaufft / wie an
dere heuser vnd Herschafften mehr / dann er vbel hat haußgehal=
tett. Chro. Sax.

Anno 1383 hat Albertus von Querfurt Ertzbischoff zu Mag
deburg dise Herschafft wider ans Stifft bracht. Chro. Saxo.

Alsleben ein Schloß vnnd Státlin dabey / ligt an der Sa=

A

lah vnder Hall. Ist vor zeiten alda eine feine Graffschafft gewesen.
Es schreiben etliche / das sie auch für Carolo Magno soll daselbst
gewesen sein/vnd der zwölff edlen einer/ so in Sachsenland regiert
haben/alda seinen sitz vnd wonung gehabt.

Anno 9 7 4 hat alda gelebt vnnd regieret Gero Graff vnnd
Herr zu Alsleben/ der hat gestifftet das Kloster daselbst / hinder
dem schlof gelegen / inn die ehr: S. Johannis des Teüffers/hatte
keinen männlichen Erben/sonder nur eine Tochter Adala genañt/
die gab er einem Edlen Ritter Friderich von Schacken genannt/
der seinen sitz inn Schackenstet gehabt / dem auch das Schacken=
thal vnder worffen gewesen. Endtlichen ist diser Gero schendt=
lichen vmbkommen / Es war bey Keyser Otthone Ruffo einer
genannt Waldo / der hat jhn bey dem Keyser mit vnwarheit an=
gegeben / also das er einen kampff (wie dazumal gebreüichlich ge=
wesen)mit obgenanntem Waldone auff dem Marsen für Magde
burg thun müste / da sie denn beyde seind todt blieben. Als nün
der Keyser solchs erfaren / ist er dar kommen / vnnd den Graffen/
ob er gleich todt war/enthaupten lassen/ vnd jnen zu begraben ver
boten/damit er also von den vögeln inn der lufft gefressen würde.
Da machte sich auff Adala seine einige Tochter / zog zum Keyser
vñ bewilligete / do jr der Keyser jhres vattern leichnam geben wur
de / so wolte sie widerumb jr vorwerg vnd güter/ ins Gottshauß
zu Magdeburg geben/ das denn also geschehen ist. Anno 9 7 9.
Chro. Magd. & Lambertus Schaffnaburg.

Hernach ist die Graffschafft andern gelauben worden/ deñ An=
no 1 1 0 5 hat aldo gewohnet ein Graff Vdo genannt / der es mit
dem Keyser wider die Sachsen jhe vnnd allwege gehalten. Der=
halben haben jhn die Sachsen auff seinem hause belegert/vnd dar
zu halff redlich Bischoff Heinrich zu Magdeburg / damit er sich
rechnet an dem Keyser / dieweil er jhnen zuvorn auff seinem Bi=
sthumb vertrieben hatte/ vnnd auch nicht wolte gestatten/ das er
solte zu Magdeburg ein Bischoff sein.rc.

Da sie jm aber das hauß nicht mochten abgewinnen/ thetten sie
grossen schaden mit rauben vnd brennen im abziehen. Chro. Saxo. &
Magd. in vita 10. epis.

Anno 1 1 5 1 hat gelebt Graff Heinrich von Alsleben vñ dessel=
bigen jars gestorben/wie die Sachsen Chronica sagt/vñ diser mag
villeicht der letste Graff daselbst gewesen sein / vnd ist also dz haus
mit aller zugehörung vnd Gütern dem Bischoff vnnd Stifft zu
                                                            Magde

Magdeburg heim gefallen / vnnd ist also bliben / biß auff das jar
1 3 7 2 / da hat sie Bischoff Albrecht vom Sternberge vom Stifft
verkaufft / für 2 0 0 Marck. Chro. Saxo.

Gümpertus vnnd Heinrich von Asleben haben eine hůffe lan-
des zů Pelleben dem Kloster Widerstett auffgelassen.

Heüt zů tage haben dise Herrschafft jnnen die Edlen Junckern
von Krosigk / welcher grosvatter gewesen ist

Loreng / hat gezeüget 5 Söne

Friderich / one Erben	Carol.	Henrich diser hat eine von Wertern / zeüget mit jr 8. kinder / 3 Töch ter vnd 5 Söne / wel che seind	Caspar / Andres helt Bauß zů Erple ben.	Volradt / Volradt wo net zů Besem vber der Sa, la.
Loreng.	Heinrich.	Adolph.	Albrecht.	B. Georg.

Dise Junckern haben Asleben vnder jrer regierung / vnnd besi-
tzen es mit gůtem friede.

Aluensleue
Ein Graffschafft im Stifft Magdeburg gde-
ge. Der 1 8 Bischoff zů Hildesheim Vdo / ist ein Graff võ Aluens-
leue gewesen / hat gelebt Anno 1 0 7 9 / hat in die 3 5 jar regiret / weil
er aber vom Keyser Heinrico 4 ist zům Bischoff erwehlet wordē /
hat er auch bey jm gehalten / vnnd von jm nicht abfallen wölen /
vnd jhu helffen verfolgen / wie die anderen Sechsischen Herrn tha-
ten. Derwegen er auch grossen haß auff sich geladen / ist erotlich
vberzogen wordē von den Sachsen / vnd nach grossem schaden ge-
zwungen frieden zů machen mit den feinden / darnach hat er in gů-
tem friede gesessen. Brusch. in vita huius episcopi.

Die Marckgraffen zů Brandenburg haben dise Herrschafft /
als sie ist loß gestorben / an sich bracht / die jnnen gehabt biß auff dz
jar 1 2 3 8 / da hat Otto Marckgraff zů Brandenburg einen krieg
angefangen mit Ludolpho Bischoffen zů Halberstatt / der ein
Graff von Schladem / vnd in der ordenung der 2 5 Bischoff war /
vnnd als der Marckgraff im streit gefangen vnd sich lösen müste /
gab er dem Bischoff zů Halberstatt 1 6 0 0 Marck Sylbers / vnnd
die Burg zů Aluensleuen mit dem lande. Chro. Sax.

Der Bischoff aber zů Halberstatt behielt dise Graffschafft nicht
lange / sondern verkauffte sie dē Erzbischoff zů Magdeburg / Lu-

dolpho võ Dingenſtat/der ſie alſo zům Stifft bracht Anno 1260.
Chro.Magd.in vita Ludolphi Metrop.lib.8.cap.11.

Es ſeind auch etliche hernacher von den Biſchoffen zů Magde
burg damit belehnet vñ für Ritter oder Hauptleüte des Biſchoffs
geachtet worden/als Anno 1278 hat gelebt Simbrecht von Al-
uensleue des Biſchoffs hauptmã/welchen d Biſchoff Herr Bernt
von der Welpe/hat wider Herr Falcke vnd Cůrt von Redern/ die
ſeine feinde warē/geſchickt/ ſampt herr Burckhart Lappen mit gů-
ter rüſtung/Aber ſie verloren den ſtreit bey Beſenburg/vnd wurdē
erlegt inn die 320 Ritter/ dauon das Biſthumb groſſen ſchaden
nam. Chro.Magd.in vita 24.epiſ.

Item Anno 1467 hat gelebt Friderich vnnd Bernt von Al-
uensleuen/welche der Ertzbiſchoff von Magdeburg Johañes ein
Hertzog auß Beyern/ auff dem ſchloß Caluort/darauff ſie waren/
belägerte/darumb das ſie der ſtat Magdeburg feinde waren/vnd
auff ſie geraubet hatten/ auch den Dantzigern groß gůt genom-
men. Sie ergaben ſich aber balde/vnd gaben auch das genoſſen
gůt wider/ damit ward aller vnwille hingelegt/ vnnd lebten her-
nach in gůtem friede vnd rühe/ wie dann noch heüt zů tage das ge-
ſchlecht vorhanden iſt/vnd ſeind fronie Chriſtliche Junckern. Lu-
dolph vnd Joachim haben Gotts wort lieb vñ werd/helffen auch
die reine lehr des Euangelij beyneben etlichen andern Gottſeligen
vnnd Eh: liebenden vom Adel/mit allen trewen vnnd ernſt befür-
dern vnd fortſetzen.

Ahuſen Eine Graffſchafft vor zeitten inn Weſtphalen.
Anno 1305 hat gelebt Graff Otto von Ahuſen/vnnd iſt bürg
worden für Graff Simon von der Lippe/ſampt dem Graffen von
Tecklenburg/Benthem vnnd Schwalenburg/die ſeine nachbaurn
waren/dem Biſchoff zů Oſnabrug. Crantz in Metr.lib.8.cap.51.

Der Biſchoff von Münſter hat Graff Hanſen von Ahuſen
durch die Gaffen von Tecklenburg vnd der Lippe groſſen ſchadē
thůn laſſen/Ahuſen vnd Dypene zůriſſen/heüt zů tage hat der Bi-
ſchoff dz hauſ Ahuſen.Hamelm.in deſcriptione Vueſtphaliæ.

Anhalt/ Ein ſchloß gelegen im Hartz vber dem hauſe Falck
enſtein/ ſol den namen haben/ das es inn einem ſteinfels iſt gehawē
vnd kein holtz im gebewe hat/als/ one holtz/dें ſo ſchreiben die al-
ten Sachſen Oneholtz/ꝛc.ſol gebawet ſein Anno 945 von Eſico
dem Graffen/als er auf ſeinē vätterlichen ſchloß Ballenſtet hat ein
Kloſter

Kloster Canonicorum Regularium gemacht / ist also die Graffschafft gen Anhalt transferiert vnd gelegt worden / vnnd die Herrn genant Graffen zů Ballenstett vnd Anhalt,

Anno 1154 ist Heinricus Hertzog Bernhards son des Chur=fürsten zů Sachsen / võ Friderico I dē Keyser zům ersten auff An=halt befürstet / vnd jm ein halber rohter Adler vnd ein halber Rau=tenkrantz / als von Brandenburg vñ Sachsen darzů gegebē wor=den / welchs die Fürsten von Anhalt noch heüt zů tage füren / vnd jren Fürstlichen namen dauon habē. Brot. lib. 4. Cap.,

Heüt zů tage ist das Schloß gantz wůst vnd verfallen / vnnd geht die sage / Heinricus Leo sols also zůrissen haben / als der Key=ser jhm dz Sachsenlandt genommen vnd dem von Anhalt geben hatte.

Vnd seind die Hochgebornen Fürsten von Anhalt zwar auß al=tem hohem Adelichem geschlecht vnnd herkommen / Dann in den historien werden sie gesetzt / vnder die Regentē / so dz Sachsenland lang für Carolo Magno regiert haben / vñ sol Berntobaldus auff Ballenstett gewont haben / das obgenante Fürsten dennoch besi=tzen / vnd von disem Berntobaldo (wie bald inn beschreibung der Herrschafft Ballenstett sol angezeygt werden) sol nach langer Succession geboren sein Albertus Vrsus der Behr / das er inn seinē wapen einen schwartzen Behrn mit einer gülden krone vnnd hals=band / der auff 4 Rohten Zinnen geht iñ weissem felde / gefüret hat=te / welchs wapen denn die Fürsten von Anhalt noch füren. Von disem Alberto Vrso seind grosse leüt vnnd fürtreffliche geschlecht komen / denn sein son Otto ward Churfürst zů Brandenburg / weil er bekam mit seinem weibe Elicha / des letsten Hertzogen zů Sach=sen Magni Tochter / von Herman Billings geschlecht / die alte Marck Soltwedel. Sein ander son Bernhart ward Churfürst zů Sachsen / als also Hermannj Billingj geschlecht / welchen Key=ser Otto auff Lüneburg behertzoget hatte / alles verstorben war, Von disem Bernhardo seind kommen drei grosse Fürstliche ge=schlecht.

1　Erstlichen die Churfürsten zů Sachsen / bey welchem stañ es blieben ist / biß ins zwölffte glid / als man geschriben hat 1400 ist Hertzogen Rudolff zů Schweinitz ein Thurn nidergangē / darin=nen sein eltester son verfallen ist.

2　Darnach die Hertzogen zůr Lawenburg / denn Wenceslaus Hertzog zů Sachsen hatte zwen söne.

A iij

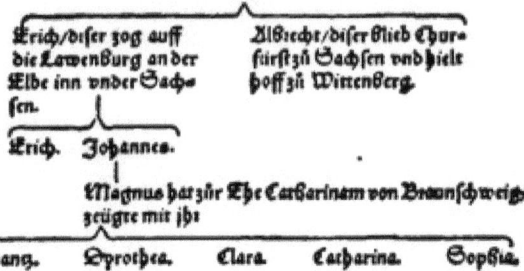

Erich/diser zog auff die Lawenburg an der Elbe inn vnder Sachsen. — Albrecht/diser blieb Churfürst zu Sachsen vnd hielt hoff zů Wittenberg.

Erich. Johannes.

Magnus hat zůr Ehe Catharinam von Braunschweig/ zeügte mit ihr

Frantz.   Dprothea.   Clara.   Catharina.   Sophia.

3   Das dritte geschlecht seind die jetzigen Fürsten zů Anhalt/ den Georg / welches vralter grosuatter ist gewesen Hertzog Bernhart Churfürst zů Sachsen/ hat gezeüget

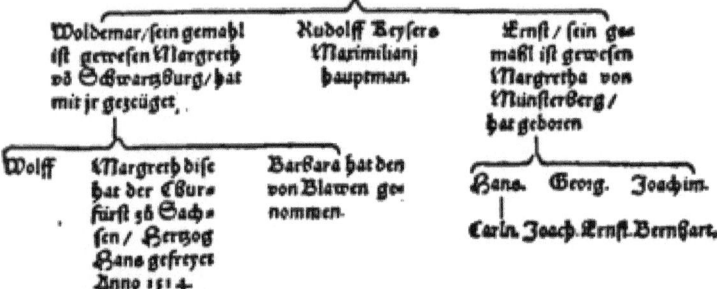

Woldemar/sein gemahl ist gewesen Margreth vō Schwartzburg/hat mit ir gezeüget — Rudolff Keysers Maximilianj hauptman. — Ernst / sein gemahl ist gewesen Margretha von Münstersberg/ hat geboren

Wolff   Margreth dise hat der Churfürst zů Sachsen/ Hertzog Hans gefreyet Anno 1514.   Barbara hat den von Blawen genommen.   Hans.   Georg.   Joachim.

Carln. Joach. Ernst. Bernhart.

Wer weitleuffigern vnnd vollkommlichern bericht von disem Fürstlichen hause vnd geschlecht wissen wil/der lese Ernest Brot auffs Genealogiam.

Das wappen ist ein halber Adler/ vnnd die Sechsischen balcken mit einem halben Rautenkrantz vberlegt.

Arnsberg. Ist auch vor zeiten nicht der geringsten Herrschafften eine gewesen/ ligt inn Westphalen vnd ist noch die statt des namens vorhanden/ gehört dem Bischoff von Cöln/ haben sich die Graffen geschuben/ Graffen von Arnsberg vnnd Herrn von dem Westerlande.

Anno 660 hat gelebt Günther Herr zů Arnsberg des Tochter Hedwiges/ die Herr Ratboth zů Ballenstet hat zůr Ehe genommen.

Vmb das jar 1107 hat gelebt Gebhardus der Edlesten
Sachsen

Sachsen einer / Graff zů Suplinberg / welchs er durch eine heü
rath bekommen / mit frawen Hedwigen Marckgraffen Friderich
zů Brandenburg / Burggraffen zů Nůrmberg Tochter / welche
die letste Gräffin zů Suplinberg gewesen / soll auch Herrn Die
therichs von Arnsberg vnnd Westerlande gemahl gewesen sein.
Graff Gebhart aber ist seines herkommens gewest ein Herr von
Querfurt / Herrn Burckharden son / vnnd hat gezeüget drei söne
vnd drei Töchter.

```
Cunradum.    Lotharium.    Fridericum.
```

1 Cunradus Hertzog zů Sachsen / sein Gemahel Lucia eine
Schwebitt.

2 Lotharius der ander son hat für Welffsholtz gesieget / vnnd
das Feld behalten wider Keyser Heinrichen den V. nach welchem
er ist auch Römischer Keyser erwölet worden / Anno 1127 /
hat zůr Ehe gehabt Marggraff Ecbrechts Tochter kind Reich
nisa geheissen / vnd hat mit jhr geerbet das Hertzogthumb Braun
schweig / vnd die Graffschafft Northeym / denn Reichnisen vatter
war Graff Dieterich von Northeym / der bekame Gertrauden
Marggraff Ecbrechts zů Braunschweig einige Tochter / vnnd
mit jr das gantze land zůr Ehestewr / da der nůn verstarb vn auch
keinen männlichen Erben lies / fielen beide Hertzogthumb vnnd
Graffschafft Braunschweig vnd Northeim auff Lotharium. Also
ward er ein reicher Herr an land vnnd leüten / vnd kam zů grossen
digniteten vnd Ehren / hat auch wol hauß gehalten / Die weltlichē
Recht / so gefallen / wider ans liecht gebracht / rc. verließ keinen
männlichen Erben / nur eine einige Tochter Gertraud genannt /
die gab er zůr ehe Heintrico Guelpho gehn Beyern / vnnd der er
bet mit jhr das land Braunschweig vnnd die Graffschafft Nort
heym.

Wie aber das hauß Arnsberg ans Bisthumb Cöln kommen ist /
besihe Crantz inn seiner Metrop. lib. 6. cap. 46.

Jr wappen ist gewesen ein gantz Hirsgeweit.

3 Fridericus. Dises Mütter schreibt Crantz in Saxo. lib. 1. cap.
15 sol gewesen sein Hertzog Otten Tochter zů Sachsen. Müß
derhalben Graff Gebhart zwey Ehegemahl gehabt haben nach
einander / oder es müß ein ander Fridericus sein. Er hat zwo

A iij

Tochter verlassen / deren eine hat er zůr ehe geben Gottfride von
Arne / zeüget mit jr.

Heinrich   Friderich.

Crantz. lib. 5. Cap. 15. Sax. & lib. 5. Cap. 31 in Metrop.

Die ander Tochter ist Graff Otten zů Cappenberg beygelegt
worden / dem sie ein Tochter geborn / welche Graff Eilmar von
Oldenburg geehelicht / vnd mit jr Graffen Heinrichen vnd Graff
Christman zů Aldenburg vnnd Ottonem Propst zů Bremen ge-
zeüget / schreibt Crantz lib. 5. Sax. Cap. 15. vnd lib. 5. Metrop. cap. 32.

1 Diser Graff Friderich Gottfrieds von Arne son / hat Bischof-
fen Burckhart zů Münster aufgejagt / gefangen vñ Keyser Hein-
richen dem V vberschickt.   Metrop. lib. 5. cap. 33.

Ist ein wilder frecher vnbendiger Herr gewesen / Metr. lib. 6. cap. 9.
der sich Herr vber gantz Westphalen geschriben / hat die Weiffels-
burg gebauwet vnnd vil leüte darauf beschediget / ist auch in der
schlacht für Welffesholtz mit gewesen.

2 Graff Heinrich von Arnsberg hat bey zeiten Keyser Fride-
richen vil vnlust angericht / mit allen nachbauren sich zů kampff ge-
legt / auch seinen einigen Brůder / ein junges Herrlin / inns gefencke-
nus gelegt / vnnd darinnen verderben lassen / ist darumb von dem
Ertzbischoff zů Cöln vnnd den Bischoffen Badeborn / Münster /
Minden / vnd Hertzog Heinrichen zů Sachsen / inn Arnsberg be-
legert / das hauß gewonnen vnd zerstöret / vnd er ins elendt gejagt
worden / doch wider zů gnaden kommen / vnd mit dem Schloß be-
lehnet worden / welchs er nach seinem tode dem Stifft Cöln be-
schieden.   Metro. lib. 6. cap. 4.

Gottfried Graff zů Arnsberg ist mit im Cölnischen bunde gewe-
sen wider Graffen Simon zůr Lippe Anno 1254.

Anno 1295 hat gelebt Graff Ludwig von Arnsberg / Graff
Gottfrieden Son / seine schwester Alheit hat Graff Simon zůr
Lippe gehabt / Graff Bernharts son / welches Mütter fraw Ger-
draut auch eine Gräffin von Arnsberg gewesen.

Anno 1312 Graff Wilhelm von Arnsberg hat mit Graff Si-
mon zůr Lippe in bündnuß gestanden.

Gottfridus Graff von Arnsberg ist der 35 Bischoff zů Ossen-
bruck gewesen / vnnd bey 30 jaren dem Stifft wol fürgestanden /
dem

dem Bischoff zů Münſter helffen den krieg fůren vnnd gewinnen / wider die Graffen von der Marck / iſt darnach inn ſeinem alter Ertzbiſchoff zů Bremen worden / Anno 1 3 4 9. Weil aber Graff Moritz von Oldenburg / des Stifftes Dechant vnnd Adminiſtrator bey zeiten des vorigen Biſchoffs auch in der wahl war / entſtund zwiſchen dem ſelben vnnd Biſchoff Gottfrieden ein beſchwerlicher krieg vber dē Ertzbiſchthum Bremen / dauon die ſtat Bremen inn groſſe beſchwerung kommen / darzů denn die gemeine daſelbſt mit jrer wanckelmůtigkeit vnnd auffrůriſchen fůrnemmen nicht geringe vrſach gegeben / aber wol darůber geklopfft worden. Vnnd alſo hat Graff Gottfried ein mühe ſeliges leben inn die zehen jar gefůret. Darnach Hertzog Albrechten von Braunſchweig zům Succeſſorn erwehlet / vnd ſich gehn Staden begeben / da er ſchlechte vnderhaltung gehabt / biſ er Anno 1 3 6 3 daſelbſt geſtorben vnnd begraben. Metrop. lib. 9. cap. 27. 30. 39. 40. 41. 42. &c.

Die drei Töchter / des obgenannten Graff Gebharts ſein.

Jda. Rixa. Gerdraut.

Jda hat gefreyet Graff Gebhart von Burckhauſen vnd Schala.

Rixa iſt eines Graffen von Cleue gemahel worden.

Gerdraut iſt vertrawet Graff Florentz zů Holland / darnach Graff Růprechts zů Flandern gemahel worden.

Es hat auch der ſelbige Graff Gebhart einē brůder gehabt / auch Gebhart genant / der hat zůr ehe gehabt Vda von Ammenlebē / vnnd mit jr gezeůget / Cunradum welcher Anno Domini 1 3 4 / zům Ertzbiſchoff zů Magdeburg iſt erwehlet / hat ſich wol gehalten bey ſeinem vettern dem Lothario / als ein auffrůr wider jhn erreget wurde von Cunrado dem Hertzogen auß Francken vnnd Schwaben / denn es that den Schwaben weh / das die Sachſen alleine wolten Herren ſein / hat auch diſer Biſchoff Cunradus ſo vil zů wegen gebracht mit Heinrico Leone / der Lotharij Tochter zůr Ehe hatte / das die ſache zwiſchen Lothario dem Keyſer / vnd Cunrado vertagen wurde zů Quedelnburg. Anno 1 1 3 9 Chro. Magd. in vita huius Cunradi.

Arnſtein

Arnstein Eine alte/reiche/vnd herrliche Graffschafft/ligt für dem Hartze/nicht weit von dem Keyserlichen sitze/ da Otto der III ein Kloster auff macht vnd Waltbeck genant ist. Ob sie vor Carolo Magno gewesen/ oder von jm/ oder von Heinrico I ist ein gesetzt/ kan ich nicht wissen.

Anno 937 ist Heinrich Graff zům Arnstein auff dem Thurnier zů Magdeburg mit gewesen.

Als Otto III aus seinem hoff Waltbeck ein Junckfrawē Kloster Anno Domini 992 machte/ hat zů Arnstein regiert vnd gelebt Carolus. Ex literis fundatoriis.

Anno 1277 kamen die Hertzogen zů Sachsen in grosse schulde/ Der Bischoff Cůnradus vom Sternberge zů Magdeburg bezalt für sie/ da satzten sie jhme ein zům vnderpfande Stasfurt die statt/ Aken die statt/ vnnd die heüser Glendorff vnnd Sommern/ die huldeten dem Bischoff. Aber da er verstarb/ hielten die versetzten stett keinen glauben/ fielen wider zů jrem Herrn von Sachsen. Als nůn Günther von Schwalenberge Ertzbischoff bestetiget ward/ wolt er die versatzte güter wider haben. Die wolt jm de Hertzog zů Sachsen Rudolphus nicht folgen lassen/ vň both den Bischoff einen krieg an/ der Bischoff macht sich auff mit gerüste handt/ vnnd findet den Hertzogen zů Sachsen/ sampt seinen retern Ottone Marckgraffen zů Brandenburg/ Vlrich Graffen zů Regenstein/ dem Herrn von Mansffeld/ vnd dē Herrn von Arnsten/ bey Frose/ da schlegt er sie/ vnnd bekompt den Marckgrafen zů Brandenburg. In disem streit wurde der Graffe zů Arnstein mit vilem volck erschlagen/ vnd mag wol der letste Graff daselbs des geschlechtes gewesen sein. Chron. Mag. in vita Episcopi Guntheri.

Anno 1387 hat Graff Vlrich von Regenstein die Herrschafft Arnstein verkaufft den wolgebornen Herrn von Mansffeld/ mit allen Regalien/ die sie denn noch haben/ vnd hat sonderlichen der wolgebone Herr Graff Hans Albrecht das hauß herrlich vň zierlich angericht vnnd auff bawen lassen/ wie es noch augenscheinlich ist.

Das wappen ist ein schwartzer Adler mit auffgestreckten fettigē seiner flůgel/ vor dem es auch den namen hat/ dann Arn ein Adler heist/ daher das wörtlein Arnen vnd Erarnen kompt/ das ist/ mit grosser sterck/ mühe vnd arbeit erlangen.

Weit

Weitern vnnd volkomenlichern bericht von diser Edlen Herꝛschafft/würt (ob gott will) thůn der Erwürdige vñ wolgelehrte Herꝛ M. Cyriacus Spangenberg in seiner Manßfeldischen Chronica.

Ascania Ist vorzeiten eine herꝛliche Graffschafft gewesen/ vnnd der gar ältisten eine/ die stat Aschersleuben hat darzů gehöret/ vnd ligt das alte zerfallene vnnd zerstörte Schloß auff einem berge vber der stat/ vnd schreiben etliche/ das es soll den namen haben vom Ascena dem Son Gomer/des sons Japhet/vnd meines erachtens haben auch die Sachsen von jm den namen/denn sie sich nicht Sachsen/sondern Sassen nennen/das also Sassen seind von Assenes. Es ist ein schöner lustiger orth alda/ein fruchtbar kornboden/gůte weide/ frische vnnd gesunde lufft/ als für dem Hartze.

Anno 747 zů des Königes Pipinj zeiten/Carolj Magni vatter/ist ein Herꝛ zů Ascania/ sonder zweiffel einer auß den zwölff Edlen/ so das Sachsenlandt järlichen regiert haben/ des obgenañten Königs in Franckreich feind gewesen/hat jm auch der König biß für sein hauß Ascanium nachjagen vnnd gefangen nemmen lassen/inn Franckreich füren/vnd das schloß zerstören/welchs hernach von Esyco Graffen auff Ballenstet wider ist auffgebawet worden/ aber doch von Heinrico Leone wider zůrissen. Chronica Magd.

Anno 1169 hat gelebt Bernhart Albertj Vrsi son der Churfürst zů Sachsen ist worden/ als Hermannj Billinges geschlecht alles verstorben war. Der hat gezeüget

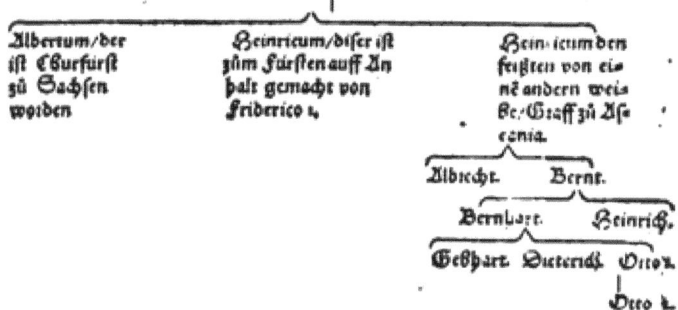

Albertum/der ist Churfürst zů Sachsen worden	Heinricum/diser ist zům Fürsten auff Anhalt gemacht von Friderico 1.	Heinricum den feisten von einer andern weiß Be. Graff zů Ascania.

Albrecht. Bernt.

Bernhart. Heinrich.

Gebhart. Dieterich. Otto.

Otto 2.

Diser Otto 2. hat eine Gräffin von Orlamunde zůr Ehe gehabt/ vnnd mit jhr keinen männlichen Erben gezeüget/ da ist die

die Herrschafft Ascania auff Bernhardum dē dritē Graffen vnd Herrn zů Berneburg gefallen / denn er mit obgenanten Graffen in gleichen lehen gesessen. Aber weil die witfraw mit der Herrschafft beleib züchtiget war / wurde sie jr die zeit jres lebens gelassen / nach jrem tode nam das Stifft Halberstat die Herrschafft ein / das sie denn noch besitzen / doch haben die hochgebornen Fürsten zů Anhalt gůte hoffnung vnnd recht dieselbige in kürtze wider zůbekommen / schreibt Ernst Brot. lib. 4. cap. 3. in sua Genealogia.

Jr wappen ist ein feld vmbs ander weiß vnd schwartz versetzt / wie ein Schachspiel.

Aslo ist auch eine Graffschafft vor zeiten gewesen.

Anno 1084 hat der Sachsen auffgeworffene König Hermannus / Graffen Heinrichen von Aslo mit des Capitels zů Badeborn bewilligung daselbst zům Bischoff gemacht. Dagegen hat Keyser Heinrich der vierde Graffen Heinrichen von Werle zům Bischoffe verordnet / Die beide haben sich mit einander vmb den Bischoffs hůt gedenet / biß das König Herman vmbkommen / da hat der von Aslo weichen müssen / vnd der von Werle platz behalten. Metrop. lib. 5. cap. 13.

Es ist aber Graff Heinrich von Aslo / nach Ertzbischoff Hartwigs tode vom Capitel zů Magdeburg zům Ertzbischoff gekoren vnd auffgenommen worden / ohne des Keysers bewust vnnd bewilligung / hat aber nur biß ins vierdt jar das ampt verwaltet / da er abgestorben. Sol ein Gottseliger frommer Herr gewesen sein / wie jn Crantz rhümet lib. 5. Metrop. cap. 7.

Vmb dz jar 1140 hat gelebt Graff Heinrich von Aslo / Graffen Hermans von Wintzenburg brůder / seind beyde neben andern Herrn Commissarien gewesen in der sache zwischen Adelberone dem Ertzbischoff zů Bremen vnd dem jungen Hertzogen von Braunschweig Heinrichen / der Graffschafft Staden halben. Metrop. lib. 6. cap. 18.

Heüt zů tage seind iñ Westphalen Edelleüt / die Ketler auff Aslo genant werden / wiewol sie reich genůg seind / vnnd wol so vil haben als ein Graff / kan man doch nicht wissen / ob sie dise alte Graffschafft innen haben oder nicht. Hamel. in descriptione Vuestphaliæ.

Ballenstet Eine schöne alte Graffschafft / darein gehören
Hoym /

Hoym/Reinset/Riedern/Radesleben vnd Badeborn.

Das haus ligt für dem Hartze/auff einem zimlichen hohen berge gegen Morgen/hat den namen von den Balcken/denn es anfenglich ein Blochhauß gewesen/vnnd zum wappen geführet fünff schwartzer balcken im güldenẽ felde/vnd sollens die Bern oder die Briner bewohnet haben.

Es zeygen die Historien an/das Bernthobaldus/einer auß dẽ Sächsischen Edlen/sol da seinen sitz vnd wonung gehabt haben/vnd soll Anno 5 2 4 wider die Francken geschickt sein/als der König iñ Thüringen Ermefrid die Sachsen hat vmb hülff angesprochen/hat auch das feld behalten/vnd den orth des landes in Thüringen/da die schlacht geschehen/bekommen/ wie denn die Fürsten zũ Anhalt/so dises Herrn zũ Ballenstett nachkommen seind/noch heütiges tags Scheidingen an der Vnstrut zũ einer rechten Manslehn vom Bischoff zũ Bamberg haben/rc. Brot.lib.1. cap.2.

Wer lust hat diser Herren historien zũ lesen/der mercke nachfolgende Genealogiam.

Bernthobaldus Herr auff dem Hartz zũ Ballenstett/ Anno 5 1 0.

Bernthobaldus I I. Herr zũ Ballenstett vnnd Ascania/der Sachsen erwölter König wider Lotharium der Franckẽ König.

Berntholdus oder Beringarius I. Herr zũ Ballenstett vnd Ascania/der Sachsen König ist Anno 6 3 0 inn der schlacht wider König Dagobrecht vmbkommen an der Weser.

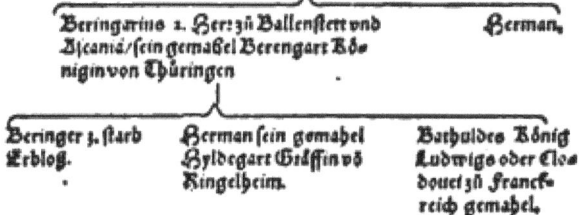

Nach disem kompt an die Herrschafft Ballenstett vnd Ascania sein vetter Aribo der Beringer/sonst Ehrenbrecht genañt/sein gemahel Hilla Herzogin auß Friesland.

Aribertus gestorben Anno 708.

Vitello Herr an der Weser gestorben Anno 729.

Poncello Burg zu Ballenstett vnnd Ascania/ starb ohne Erben.

Aribo Bering/ Herr zu Ballenstett vnd Ascanien/ sein gemahel Gesala/ Fürstin auß Rügen.

Eringer nach der Tauffe Anno 786 Carolus genannt, der erste Graff zu Ballenstett/ vnnd Ascanien/ sein gemahel Hartmüth von Bennenberg.

Hermes Graff zu Ballenstett vnd Ascania

Beringer.

Albrecht Graff zu Ballenstett vnnd Ascania/ ist gestorben Anno 821.

Woldemar.

Esicus Graff zu Ballenstett

Beringer Graff zu Ballenstett.

Heinrich

Poppo/ Graff zu Ballenstett vnd Ascanien/ ist gestorben Anno 839.

Woldemar

Tannecho Graff zu Ballenstett vnd Ascanien

Albertus Graff zu Ascania vnnd Ballenstett/ ist gestorben Anno 862.

Dieterich ohn Erben,

Otto Graff zu Ballenstett etc.

Esicus

Esicus ohn Erben

Albertus Graff zu Ballenstett vnnd Ascania.

Otto/ ist erschlagen Anno 925.

Sigmund

Seiffrid Graff zu Ballenstett/ etc.

Albrecht Graff zu Ascania vnd Ballenstett/ sein gemahel Dietburg Gräffin von Oldenburg.

Sigmund.

Woldemar

Albrecht/ sein gemahel Hedda Gräffin zur Welpe/ bekam mit ir die Graffschafft Welpe.

Sigmund.

Sigmund

Woldemar.

Ernst

Otto

Esicus/ diser hat Anno 943 auß dem schloß Ballenstett gestifft das Collegium Canonicorum/ sein brüder Theodoricus ist der erste Propst da worden.

Ortholff

Ernst

Otto.

Otto

X.

Otto / der reiche Marggraff zů Soldwedel / Graff zů Ascania vnnd Ballenstet hat auß dem Collegio ein Kloster gemacht Anno 1124.	Ludwig ist ein Münch zu Corbey worden.

Albertus Vrsus Churfürst vnd Marggraff / Graff zů Ascania / Ballenstet vnd herr zů Bernburg.

Difes Marggraffen Albrechts gedenckt S. Bernhard in 8 130 Epistel an den Rhat zů Pifa inn Welschland / mit difen worten.

Commendo uobis Marchionem Adelbertum, qui domino Papæ & amicis eius missus est in adiutorium, iuuenis fortis & strenuus, et, si non fallor, fidelis, habetote eum precibus uestris magis commendatum, quia & ego uos ei amplius commendare curaui, monuimus ut uestris potissimum consilijs ina nitatur. &c.

Otto ward Churfürst zů Brandenburg.	Bernhardus / von jhm kommen fürter die Fürsten vnnd Herrn zů Inhalt / auch Churfürsten zů Sachsen / denn er Anno 1169 von Friderico 1. die Belehnung der Chur bekommen / wie die alten Reimen lauten.

Der erste Keyser Friderich
Mit deß Reichs Chur begabet mich.
Da Heinrich ward gesetzet ab
Durch Ballenstett den Krantz er gab /
Zwey Schwert das Marschalck ampt bedeüten
Die Wendischen Heyden auß zů reütten /
Bey Wittenberg gesiegt ich jhn an
Das land zůr Churich da gewan.

Wer weitern bericht von disem geschlecht wissen will / der lese Brot. Genealogiam.

Barbey Ist noch heütiges tages eine Graffschafft / ligt an der Elbe / ist jhe vnnd allwege da eine vberfurt vber die Elbe gewesen / wie das wort mit bringet / Dann Baraba heist ein vberfurth.

Wie alt sie ist / kan ich nicht wissen. Anno 1145 hat gelebt Graff Burckhart von Barbey / sein gemahel Mechtildes.

B ij

Anno 1213 als Otto IIII der Keyser vom Bapst war inn den Bann gethan/ fielen die Fürsten vnd Bischoff von jhm ab/ vnd sonderlich der Ertzbischoff zů Magdeburg/ Albertus von Kefferberg auß Thüringen bürtig/ da raubet der Keyser auff jhn sehr gewaltiglichen/ vnnd damit er solte aufgerottet werden/ bauwet er ein Raubschloß an die Buden das wasser/ vnd nannte es die Vnseburg/ dauon/ des namens/ da selbst/ noch ein Dorff fürhanden/ vnd satzte darauff seinen getrewen diener Walther von Barbey. Aber der Bischoff mit hilff Graff Heinrichs von Anhalt kam dafür/ stürmet vnd gewann es/ vnd zerriß es inn den grund. Chro. Magde.

Anno 1230 hat gelebt Günther Graff zů Barbey/ sein gemahel Catharina/ welche gestorben den 20 Januarij.

Burckhart Graff zů Barbey ist gestorben Anno 1275 sein gemahel Metta starb am tage Chrysogonj	Walther/ diser hatt Anno 1242 Mönche Newmburg helffen verbrennen/ ist gestorben Anno 1278.

Burckhart/ dessen würt gedacht inn einer donation des Klosters Widerstett Anno 1284. Sein gemahel Sophia.

Anno 1300 ist gestorben Graff Busso von Barbey/ Juncker zů Rosenburg.

Anno 1300 lebet Graff Albrecht von Barbey sein gemahel Lutgardes Gräffin von Hohnstein/ er starb Anno 1332. 18. Julij.

Heinrich/ erwöhlter Bischoff zů Brandenburg/ starb Anno 1354. 15. Octob.	Albrecht hat Mülingen wider gebauwet Anno 1318. sein gemahel Judith von Schwartzburg die starb Anno 1352. 11. Septemb. Er aber 1358. 18. Julij.

Elisabeth/ Anno 1405.	Günther/ sein erst gemahel Constantia starb 1372. 15 April. Die ander Dorothea von Gleichen/ eine Christliche Matrö starb 1385. 3. Decemb. Er aber 1404. 18. Aug.	Albrecht starb Anno 1330. 19. Nouemb.

J

Johan

A

| Johannes starb Anno 1405. 22. Nouemb. sein gemahel Margreth von Querfurt starb 1392. 30 Maij. | Walther starb. 1374. 22 Augu. | Barckhart/sein gemahel Sophia fürst Sigmunds zů Anhalt tochter/die starb Anno 1419. vnnd er lebet nur ein jar hernach/starb im Kloster zů Berge 1420. Montag Palmarum/ ließ nur einen Son 3 jar alt/welcher Egeln die Herrschafft an sich gebracht hat. | Günther Anno 1393 |

Günther/Graff zů Barbey vnnd Mülingen/starb 1493 inn vigilia Andree/sein gemahel Catharina/Graffen Bernhart zů Regenstein tochter/starb im jar 1455. 10 Januarij.

B

Inn welchem jar gemelter Günther zu Barbey den grossen vnwillen vertragen / zwischen den Stetten Magdeburg vnnd Lüneburg. Er sol das hauß vnnd statt Egeln dem Ertzstifft versagt haben für 4000 Behemischer schock / welches sie bißhero gut behalten. Er hat 9. söne / vnd 3. Töchter hinder sich verlassen.

Burchart / sein gemahel war Magdalena hertzog Heinrichs zu Mecklburg Tochter / wirdt erbeglager helt / Anno 1481. Sonnntag nach der heyligen drei Kónig tag.

Johanne starb zu Wien Anno 1481. ligt daselbst begraben.

Friderich starb zu Wien Anno 1470 am tage Pantaleonis.

Albrecht starb zu Wien Anno 1481. 17. Octobris.

Bernhart starb Anno 1473.

Georg / starb Anno 1436.

Busso / starb im Kriegen.

Wilhelm starb zu Wien Anno 1491 am Sonntage Iudica.

Margret starb im Kloster zu Widerstett 17. Iaralt.

Ursula wirdt Graff Hansen zu Lindaw / Neppin vnd Mecktern gemahel.

Sophia starb im Kloster Egeln im 14. jar ires alters.

8. jar war er mit König Christierno von Dennemarck zu Rohm welcher / wie die Bollstenische Chronica vermelden. Er starb Anno 1506 vnd Allerheiligen tag. Dem gemahel aber starb lange hernach zu Magdeburg / inn Oster Feyrtagen / des jars 1533. Haben mit einander gezeüget Zehen Söne vnnd drei Tóchter.

Joachim starb inn der iugendt.

Herman starb als er drey jar alt war.

Balthasar / hat nach Graff Juste absterben inn der regierung gefolget / starb zu Magdeburg am Sontag nach Conceptionis Marie 1515. seines alters im zehen.

Caspar / starb iung hin weg.

Christoff starb zu Magdeburg 1513 Monag nach quasimodogeniti.

Melchior ist Anno 1511 Rector zu Wittenberg gewesen / vnnd starb zu Straßburg / vnd starb Anno 1519 / da er 28 jar alt war.

Andreas lebt nicht drei stunde nach der geburt.

Wolffgangus / Graff zu Barbey vnd Můlingen sol fünff Chur fürstlich Sachsen nach einander Rath gewesen / sein gemahel Jgnes Graff Gebharts zu Mansfeld Tochter / ist

Heinrich im 19 jar seines alters ane erben gestorben.

Margrethe greffin zu Stolberg zu Berlin schmblich vmbkommen.

Margred Anna Margred

Diese drei seind geistlich worden vnnd sich lange zeit zu Blancke roden gehalten.

das Begläger zu Eghßburg Anno 1526 den 23 Jan. gehalt / vnd haben viel kinder miteinander gezeüget / als

c.

1. Margretha/geboren Anno 1527/ist bald gestoiben/ligt zū Scheburg begraben.

2. Margretha geboren Anno 1528/ ist Anno 1555 Graffen Volckmar Wolffen zū Hohnstein bey gelegt worden zū Weissenfels den 10 Feb. vnnd den 17 Febru. heimfart gehalten zū Lare/ starb im Kindtbeth Anno 1567.

3. Gebhart/geboien Anno 1529 starb seines alters im 6 jar.

4. Magdalena geboren 1530 an S. Moritzen tage/ war im 3 jar jres alters in Westphalen ins Closter Dreden geschickt/ zū Catharina gebornē Grāffin von Gleichen/ Apriffin daselbst / die sie bey zwentzig jaren auff gezogen. Darnach ist sie Anno 1556 dem Christlichen fromen Herrn H. Hans Vngnaden/ Freyherrn zū Sonneck vermehlet/ vnd beygelegt worden/ den 1 Julij zū Barbey.

5. Wolffgang/ geboren 1531 ist bey Pfalzgraff Otto Heinrich/ vnd zū vor bey Pfalzgraff Friderich am hoffe gewesen/ vnd sich in Kriegs leifften wol brauchen lassen/ Anno 1552 für Metz. Anno 1553. inn der schlacht da der Churfürst Mauricius beliben, Anno 1557 beim Könige in Franckreich wider Engelland.

6. Just/ geboren 1533. starb seines alters im 2 jar zū Scheburg.

7. Albrecht/ geboin 1534. ist Anno 1552 mit im Türcken zūge gewesen/ Item inn etlichen Franckreichischē zūgen/ sein gemahel ist gewesen/ Maria Fürst Hansen zū Anhalt tochter.

8. Burckhart/ geboren 1536 hat sich inn viel Heerzügen brauchen lassen.

9. Christophorus/ geboren 1537.

10. Georg/ geboren 1540.

11. Agnes/ geboren 1540 ein gemahel Fürst Joachim des ersten zū Anhalt.

12. Günther/ geboren Anno 1541.

13. Carl geboren Anno 1543.

14. Just/ ist geboren Anno 1544.

15. Hans Georg.

16. Christina.

Im doten Register des Klosters Widerstet/ wirt etlicher perso nen gedacht one jarzal/ so auß disem stamen bürtig/ als Margreth/ vnd Mechtild beyde Priorissin Kūnigundis. re.

Bernburg ligt an der Sala schloß vñ stat/ doch dz die Sa la schloß vnd stat von einander scheidet/ Mag vieleicht den namen haben von den Behrn/ oder Beringern/ die das hauß auff gebawet haben/ vnd da gewohnet. Die Fürsten zū Anhalt haben dise Herr schafft bald gekriegt.

Anno 1115 ist Schloß vnnd stat schändtlich von den Wenden verbrant vnd zerstört. Aber Albertus Vrsus der Behr/hats sein lassen wider auffbauwen. Chro.Magd.

Anno 1139 hat alda haußgehalten Graff Bernhart/ der es mit dem Römischen Könige Cunrado auß Schwaben wider den Keyser Lotharium gehalten/vnd als Cunradus Ertzbischoff zů Magdeburg/ Marggraff Cürt zů Meyssen/ vnnd Heinricus Leo für das Schloß konien/hat die Gräffin Elicha sie mit vngestümmen worten angesprochen/ haben sie Bernburg die stat schentlich zerrissen/auch Plotzke verbrannt/vnnd sein land verwüstet. Chro.Magd.

Bernhart Churfürst zů Sachsen/ mit Mesichone

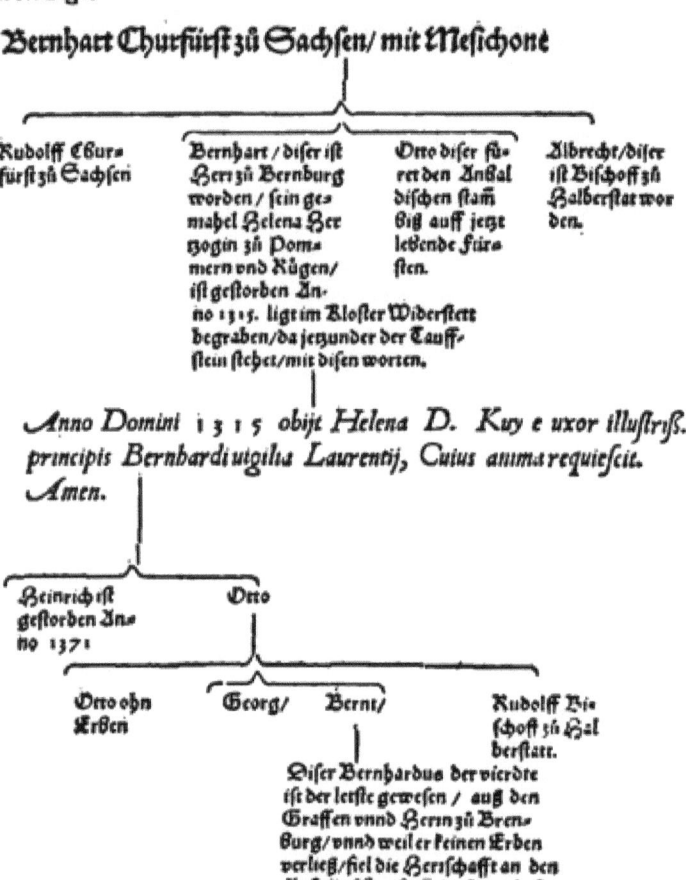

Rudolff Churfürst zů Sachsen

Bernhart/ diser ist Herr zů Bernburg worden/ sein gemahel Helena Hertzogin zů Pommern vnd Rügen/ ist gestorben Anno 1315. ligt im Kloster Widerstett begraben/da jetzunder der Tauffstein stehet/mit disen worten.

Otto diser füret den Anhaldischen stamm biß auff jetzt lebende fürsten.

Albrecht/diser ist Bischoff zů Halberstat worden.

Anno Domini 1315 obijt Helena D. Kuy e uxor illustriß. principis Bernhardi uigilia Laurentij, Cuius anima requiescit. Amen.

Heinrich ist gestorben Anno 1371

Otto

Otto ohn Erben

Georg/   Bernt/

Rudolff Bischoff zů Halberstatt.

Diser Bernhardus der vierdte ist der letste gewesen/ auß den Graffen vnnd Herrn zů Bernburg/vnnd weil er keinen Erben verließ/fiel die Herrschafft an den Anhaldischen stamm/da sie noch ist.

Er ist

Er ist gestorben Anno 1468 / ligt auch begraben im Kloster Widerstept mit disen worten.

In nonis Februi, quartus fuit iste , recessit
Dum Comes ingenuus Bernhardus qui requiescit. Amen.

Er hat ein einige Tochter gelassen/ Mechtild genannt/ die auch im Kloster Widerstett begraben ligt/ mit disen worten.

Bernt Comitis nata iacet hic Mechtildes humata,
Quæ tibi sit grata, genuit quem Virgo beata.

Kurtz für seinem tode/ hat er die brucken machen lassen/ vber die Wipra/ bey der alten Dorffstat Cornitz/ das hart bey Bernburg ligt/ da denn die Wipra inn die Sala fleüst. Vnnd damit sein Christlichs vnnd mildes wolmeinen/ nicht balde inn ein vergessen gestellt würde/ hat er neben die brucken einen stein setzen lassen/ daran dise wort.

Omnibus inspecturis salutem. Et in noticiam deueniat singulorum omnium hanc literam intuentium, quod cum nostra bona uoluntate & libera, pons in Cornequitz ædificatus, & eundem pontem ab omni exactione & telonio dimittimus penitus absolutum. Vt autem plenius hoc appareat, nostri sigilli munimine roboramus. Datum in Berneburg.

Benthem Eine Graffschafft inn Westphalen.

Anno 1042 ist Graff Otto zů Benthem auff dem Turnier zů Hall inn Sachsen gewesen.

Anno 1212 ist Graff Otto von Benthem Bischoff zů Münster gewesen inn der ordenung der 26/ ist der erste/ so vom Capitel erwehlet ist worden/ ist auch mit seinem bruder sampt andern Herren vnnd Fürsten/ inns Gelobde land die statt Acon zů retten gezogen. Metrop. lib. 7. cap. 33.

Anno 1385/ ist Graff Bernhart von Benthem mit im Westphalischen bunde gewesen.

Es ist

Es ist dise Herrschafft noch heůt zů tage vorhanden/ haben die Graffschafft Tecklenburg/ durch eine heyraht auch einbekommen. Denn Cunradus der letste Graff zů Tecklenburg lieſ eine Tochter die freyet der Herr zů Benthem/ vnnd kriegt mit jhr die gantze herr-ſchafft. Die ſtatt Benthem/ Northoren/ Niehauſen ſeind jr/ haben jhr einkommen vom Vihe vnnd fruchtbarkeit des landes vnd andern Göttlichen nutzungen. Hamel. in deſcrip. Vueſtphaliæ.

Anna geborne Gräffin võ Benthem iſt Graff Ernſte zů Hohn-ſtein gemahel/ des jetzigen Graff Volckmarn mütter geweſen.

Blanckenburg Eine herrſchafft vnd ſtät am Hartze nit weyt von Quedlenburg/ gelegen. Es ſeind etliche der meinung das diſe Graffen anfencklich von den alten Deůtſchen kriegsleůt-ten herkommen/ die den Römern etwan gedienet/ vnnd von we-gen der Hirſchweihe/ ſo ſie inn jhrem Fähnlin geführet/ Legio Cornuta genennet wurden. Welche coniectur dann nicht wenig der Herrn zů Blanckenburg wappen beſtettiget/ vnnd auch der name Botho/ ſo inn jhrem ſtammenbaum gefunden/ deñ auch Marcel-linus lib. 16. des Fein Bothen oder Bayne Baudis gedencket/ der ein Oberſter Tribunus oder Feldthauptman Legionis Cornutæ ge-weſen.

Anno 1 1 4 7 hat gelebt Syffridus Graff zů Blanckenburg/ den hat Heinricus Leo/ als er iſt inn das Gelobte land gereiſet zům geferten mit ſich genommen. Crantz. in Saxo. lib. 6. cap. 29.

Anno 1 1 8 0 iſt Graff Anno von Blanckenburg der 26 Bi-ſchoff zů Minden geweſen/ iſt geſtorben Anno 1 1 8 5. Metrop. lib. 7. cap. 12.

Anno 1 1 8 2 hat ſich Keyſer Friderich Barbaroſſa für Blancke-burg gelegt mit einem groſſen heer/ vnd ſie eingenoñen/ weil es der Graff mit dem Hertzog Heinrico Leonj hielt wider den Keyſer. Chro. Sax.

Anno 1 2 4 1 Heinrich Graff zů Blanckenburg/ deſſen ſöne ge-weſen Heinrich vñ Syffried/ ſo Anno 1 2 6 7 zů zeůgen in etlichê do-tationen angezogen werden/ vnd iſt villeicht folgender Burckhart ſr brüder geweſen.

Anno 1 2 6 1 wůrt gedacht Herrn Albrechts Graffen zů Blanckê-burg/ deſſen ſchweſter Mechtild einen herrn zům Arnſtein gehabt.

Anno 1 2 7 0 iſt Hermannus ein Graff zů Blanckenburg der 27
Biſchoff

Bischoff zů Halberstat gewesen. Metrop.lib.8.cap.34.& Brusch.in epiſt.

Anno 1296 hat gelebt Burckhardus ein Graff zů Blancken-
burg / ist Erßbischoff zů Magdeburg wordē. Metro.lib.8.Cap.48.

Anno 1305 findet man wider einen Heintrichen / vnd Anno
1329 Cunraden vnd Seiffriden Graffen zů Blanckenburg.

Jetzund haben dise Herrschafft ihnen die Herrn von Regenstein /
die sich auch dauon schreiben Herrn zů Blanckenburg.

Brene. Dise Herrschafft ligt zwischen der Sala vnd Elbe /
etwa zwo meilen von Halla der statt / gehöret inn dz Churfürsten-
thum zů Sachsen. Widekindj nachkorsien seind herrn diser Herr-
schafft gewesen / vnd sol Gero Graff Dieterichs son von Wettin /
zům ersten auff die Graffschafft Brene abgeteilet sein worden.

Gero Graff zů Brene / sein gemahel ist gewesen Bertha Gräffin
zů Greß / hat mit jr gezeüget fünff kinder.

| Dieterich / | Wilhelm / | Günther Bischoff zů Zeyß. | Oda | Bertha |

Ohne erben / da fiele dise Graffschaffe
auff Conradum Geronis Brüders
son / welcher Anno 1136 den Pe-
tereberg stifftet. sein gemahel ist gewesen Leutgart auß Schwaben / hat mit jhr gezeüget
viel kinder / vnder denen

beyde Äpriffinen zů
Gerbstett.

Friderich Graff zů Brene / sein gemahel Hedwich / mit jhr gezeüget

Otto / diser Otto als kein männlicher erbe
von jm auch nicht vorhanden war / vnd seine vet-
tern reiche Marggraffen zů Meyssen vnd Land-
graffen zů Thüringen worden / hat er mit seiner
Mutter Hedwigen / auß seinem schloß ein Klo-
ster gestifftet zů Brene Anno 1200. vnnd ist di-
ser Otto gestorben Anno 1213 vnnd ins Kloster begraben worden. Chro.Misc.

Friderich / diser starb
vber meer.

| Otto | Dieterich ohn Erben. |

Das wappen ist drey rothe halbe zirckel / inwendig gewinckelt /
anzůsehen wie ein oußband / welches die Herzogen zů Sachsen
inn jren wappen noch füren.

Braunschweig. Ist vor zeitē auch ein Herrschafft gewesen /
wie sie dem nun ein Herzogthum ist / dem weil Ludolff ð grosse Her-
zog zů Sachsen viel kinder hatte / bawete sein son Bruno dz hauß
Braunschweig / vnd sein brůder Tanquart die burg so Tanquarts
Rode genannt / vnnd wurden also Herrn zů Braunschweig vnnd
Tanquarts

Tanquart Rode. Aber als der obgenannte Bruno schändlichen
von den Dänen mit vielen Herrn vnnd leüten wurde vmbbracht/
kam die Herrschafft auff seinen Brüder Ottonem / von danen auff
Heinricum Aucupem / den Keyser/ der hatte nůn vnder andern
kindern

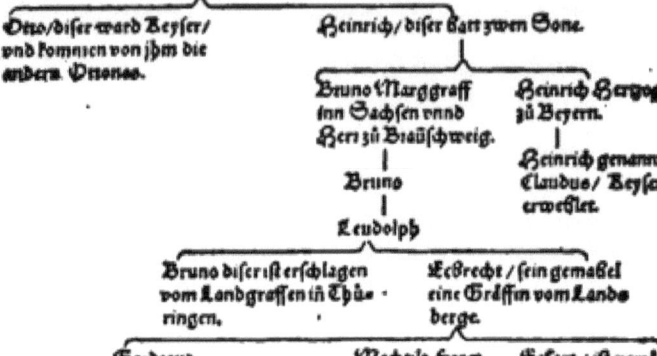

Otto/diser ward Keyser/
vnd komnien von jhm die
andern Ottones.

Heinrich/diser hatt zwen Sone.

Bruno Marggraff
inn Sachsen vnnd
Herr zů Braůschweig.

Heinrich Hertzog
zů Beyern.

Bruno

Heinrich genannt
Claudius/ Keyser
erwehlet.

Leudolph

Bruno diser ist erschlagen
vom Landgraffen iñ Thů-
ringen.

Ecbrecht / sein gemahel
eine Gräffin vom Lands
berge.

Gerdraut

Dise Gerdraut/ist erst mals ver-
heyrath worden Graff Heinri-
chen zů Northeim / Darnach
Graff Dieterichen von Catelenburg/hat nur eine Tochter gezeü-
get genannt Rixa/die freyet Lotharius der Keyser/vnnd erbet mit
jr das land Northeim vnd Braunschweig/ hat auch nur eine toch-
ter verlassen Gerdraut/die gab er zůr ehe Heintrico Gwelpho Ba-
uarico/vñ zůr ehestewr dz gantze land zů Braunschweig/da ward
er ein Herr zů Braunschweig/ hat gezeüget

Mechtilt freyet
einen Herrn der
Longobarden.

Eckart / ist verrä-
terlich ermordet
worden inn einer
Mühlen/von erbl.

Heinrich/ den Lewen.

Dises nachkommen seind hernach Hertzogen zů Braunschweig
worden/ vnder Keyser Friderico Anno 1235 Crantz. in Saxo.lib.
6.Cap. 5.

Brockhausen Anno 1356 hat Graff Gerhard von der
Hoya/des Bischoffs zů Bremen Gotfridi Coadiutor/ dem Graf-
fen von Brockhausen sein schloß Tedinghausen eingenommen.
Metrop. lib.9. cap.44.

Anno 1257 ward gesetzt der 28 Bischoff zů Bremen/Hilde-
bolt ein Graff zů Brockhausen. Chro. Sax.& Metrop.lib.8.Cap.10.

Anno 1388 blieb ein Graff von Brockhausen inn der schlacht
vor Winsen.

Brunck-

Bꝛunckhoꝛſt/ Diſe Graffſchafft ligt inn Weſtphalen/ ſchloß vnnd ſtatt/ ſampt den Herꝛn/ ſeind noch heütiges tags für handen.

Anno 1275 iſt Graff Giſelbertus der 29 Ertzbiſchoff zů Bre men woꝛden. Metrop.lib.8.cap.35.

Item Floꝛentzius Graff zů Bꝛunckhoꝛſt/ iſt der 31 Biſchoff zů Bremen woꝛden.lib.8. Cap.49.

Dannenberg/ diſe Herꝛſchafft ligt im Hertzogthum Lü nenburg.

Anno 1181 als Heinricus Leo iſt inns ellend vertriben/ vnd in Engelland geflohen/ vnd ſeine länder aufgeteylet woꝛden/ der Fürſten/ von Friderico dem Keyſer/ hat der Graff von Dannenberg/ Hertzog Bernhart von Anhalt/ dem dz Hertzogthum Sach ſen gegeben ward/ auch gehuldet. Crantz.in Saxo.lib.6.cap.44.

Anno 1375 als Carolus IIII der Römiſche Keyſer zů Lü beck lag/ vnd herꝛlich tractiert ward/ wurde jm fürbꝛacht/ wie die Graffen zů Dañenberg/ die Straſſenreüber auffnemen/ vnnd ſie hauſeten/ auch kup vnnd theil mit jhnen hetten/ da hat er als bald Hertzog Albꝛecht zů Lünenburg/ vnnd Rudolff Churfürſten zů Sachſen befolhen/ ſich für Dannenberg zů legen/ das ſchloß ein zůnemmen/ vnd der Herꝛſchafft Lüneburg ewiglichen ein zůleibē/ welchs ſie denn mit hülff der ſtat Lübeck/ die mit 600 wolgerüſter mannen darzů kamen/ gethan. Crantz.in Sax.lib.10.cap.3.

Das wappen ſeind Wecken.

Daſenberg/ Anno 1164 hat gelebt Witichindus herꝛ zů Daſenberg/ hat mit andern herꝛn vnd Fürſten ſich verbunden wider Heinricum dē Lewen. Crantz.in Saxo.lib.6.Cap.20. Wiewol jm der Hertzog gleichmeſſige wege fürſchlůg/ vnd jhnē leichtlich hette zů gnaden auffgenommen/ doch wolt er jm nicht rathen/ vil weni ger helffen laſſen/ ſaß jmmer inn gůter rüſtung/ denn er luſt zů krie gen hatte/ vnd verlieff ſich auff ſeine feſtung.

Derhalben wurde Heinrich der Lewe verurſacht/ ſich für ſein hauß Daſenberge zů legen/ vnnd dieweil der Graff ſich mit Pꝛo uiand vnd kriegsrüſtung wol verſehen/ auch der Hertzog nicht zeit hatte/ lange dafür zůligen/ vñ ſie auß zů hüngern/ hat er auß Goſ lar die Bergleüte gefoꝛdert/ vnnd einen ſtollen inn den berg treiben

C

laſſen/biß zů dem bunnen ſo im ſchloß war/vnd jnen alſo das waſ
ſer nemen/das geſchah/da wurden ſie verurſacht dem Hertzogen
das hauß auffzůgeben. Crantz in Saxo.lib.6.cap.26.& Helmol.cap.12.

Vom alten zerfallenen ſchloß ſoll noch heütiges tags geſehen
werden das zerfallene maurwerck/ vnnd ligt im Hartz auff einem
hohen berge/nicht weit vber Northauſen.

Daſſel   Am Sollinge zwiſchen Eimbeck/ vnnd Hoxer
bey der Erichsburg gelegen/iſt vor zeiten ein Rhugraffſchafft
geweſen/Eimbeck die ſtat hat darzů gehört/aber weil ſie groſſe be
drengnuß hatte von den Graffen/ hat ſie ſich zům Hertzogen zů
Braunſchweig begeben/ vnnd bracht ſie alſo Albrecht der groſſe/
Hertzog zů Braunſchweig zům lande. Crantz in Saxo lib.5.cap.12

Anno 700 hat gelebt Graff Walther von Daſſel/hat zůr ehe
genomen Bendellam Graff Radbots tochter zů Ballenſtett.
Brot.in Genealog.

Anno 1147 hat gelebt Graff Heinrich von Daſſel/iſt neben
andern herrn vom Keyſer Cunrado erwehlet/ das er ſolte helffen
vertragen den groſſen vnwillen Graff Heinrichs von Badewide
vnnd des Biſchoffs zů Bremen Alberonis/den ſie von wegen der
herrſchafft Staden hatten. in Saxo.lib.6.cap.11.

Anno 1164 hat Graff Otto von Daſſel/mit andern herrn ei-
ne Conſpiration gemacht wider Heinricum Leonem. Saxo. lib. 6,
cap.10.

Anno 1178 hat gelebt Reinholdus/ein Graff zů Daſſel /iſt
Ertzbiſchoff zů Cöln worden/hat auf Meyland die leichnam der
heyligen drei Könige gehn Cöln bracht.Metrop.lib.6.cap.34.

Anno 1181 hat Graff Otto von Daſſel/Adolffo Graffen zů
Holſtein ſeine tochter zůr ehe geben / welches der Ertzbiſchoff zů
Cöln bewilligte/Philippus/den er Ottonis vö Daſſelbruder war.
Saxo.lib.6.cap.44.

Es hat auch obgenannter Graff Otto einen ſon gehabt Adolff/
den hat Graff Adolff von Holſtein zů einē verweſer ſeines landes
geſetzt/den er ſeine Schweſter zůr ehe hatte/als er Keyſer Frideri
chen ins gelobte land folgte. Aber Heinricus Leo/ da er auf Engel
land wider kam/hat jhm das land eingenommen/das er müſte
ſampt ſeiner Schweſter Adolffi gemahel gen Lübeck fliehē.Crantz
in Saxo.

in Saxo.lib.7.Cap.2. Hat sich hernacher/als sein schwager Graff A-
dolff wider zů hauß kommen/rechtschaffen gegen Leonem brauch-
en lassen/hat jm sein schloß Lawenburg belagert/lib.7.cap.18.in Saxo.
Aber er ist dauon abgetrieben. cap.91. Endlichen ist er mit Heinrico
vertragen/ hat seinen son zů einem gysel neben andern hern zehen
jar lang setzen můssen. cap.11.

Anno 1259 hat Ludolph Graff zů Dassel gelebet.

Anno 1310 hat der 33 Bischoff zů Hildesheim/Heinrich/dise
Graffschafft bracht zům Stiffte/sindemal sie loß gestorben vnnd
keine erben fürhanden waren/ Keyser Heinrich von Lützelburg
beliehe jhn damit. Metrop.lib.9.cap.3.

An Dassel vnnd Hundsruck hat Heinrich von Gittelde etwas
zů gewarten gehabt/ dafür seind jm Anno 1391 zwelff tausent
marck lötiges silbers vom Bischoff zů Hildesheim gezalet / her-
nach ist diser Heinrich inn solche armůt gerathen/das er hungers
gestorben. Sein vatter starb zů Eimbeck/ an einem tantze.

Das wappen ist ein gantz Hirsch geweide.

Delmenhorst Eine Graffschafft inn vndern Sachsen/
welche die Graffen zů Oldenburg jetzunder besitzen.

Anno 1307 hat gelebt Graff Johannes von Delmenhorst.
Der 32 Ertzbischoff zů Bremen/war dem Johanni von Delmen-
horst groß gelt schuldig/bezalet jn mit dem zehend habern vnd an-
dern schatzungen. Metrop.lib.8.cap.57.

Anno 1329 ist der 34 Ertzbischoff zů Bremen/Graff Otto von
Delmenhorst worde/ist gar ein alter herr gewesen/man hat jhn ent-
weder füren oder leithen můssen/daher haben die schnaphanen vr-
sach genomen/weidlich im Stifft zů rumorn/vn plackerey zůtrei-
ben/den jr Bischoff kondte nicht auß vn des lands noht erkundigt.
Nůn trug sich zů/ dz ein Botte von Oldenburg/für den Bischoff
kā mit brieffen/vn wie er jn fragte vnd anderm in beysein des haupt-
mans/obs auch sicher auff der strassen zůreisen were/ hat er geant-
wortet. Es were nie solch rauben vnnd plündern im Stifft erfa-
ren worden/als jetzunder zů diser zeit. Da solchs der Bischoff zů ge-
můthe geführet/vnd den Hauptman darumb besproche/ hat ers jm
gantz aufgeredt/ vnd damit sein fürgeben für dem Bischoff ein an-
sehen hette/hat er den Botten mit gefengnuß vnd schlegen gezwun-
gen/wider für den Bischoff zůtretten/ vnnd sein voriges reden zů
widerrůffen. Metrop.lib.9.cap.30.

C iij

Anno 1350 hat gelebt Graff Christian von Delmenhorst/ welcher zwischen der stat Bremen/vñ den Soldnern/ so von dem Graffen von der Hoye/ dem feinde der statt/ abgefallen vnnd zůr stat Bremen getretten warē/ zům Schids richter ist erwelet worden. Metrop. lib. 9. cap. 42.

Anno 1410 hat Graff Otto von Delmenhorst / mit der statt Bremen helffen bekriegen den Graffen zů Oldenburg. Metrop. lib. 11. cap. 6.

Anno 1411 ist Graff Nicolaus von Delmenhorst/ Ottonis einiger son zům Bischoff zů Bremen angenommen/in hoffnung dz die Herrschafft solte ans Stifft kommen. lib. 11. cap. 16.

Anno 1460 haben Mauritius vñ Gerhardus Graffen zů Delmenhorst/ beyde brüder grosse kriege vnder einander gefüret/ aber endtlich sich vertragē vnd iñ die Herrschafft geteilet/also dz Graff Moritz Delmenhorst/ Gerhardus aber Oldenburg solte behalten. Metrop. lib. 9. cap. 52.

Anno 1471 ist ein grosser zanck vñ offentliche fehde entsprungen/ zwischen dem Bischoff zů Bremen/ vnd Graffen Gerharden/ der nach absterben seines brůders Mauritij der kinder vormünder war/ auf den vrsachen/ dz der Bischoff die lenge nicht leiden wolt/ die reüberey/ so Graff Gerhard auff seine feinde Lübeck vnd Hamburg übete/ verband sich derhalben mit den zweyen stetten wider Graff Gerhard/inn hoffnung das recht/ an der Graffschafft Delmenhorst/ so seine vorfaren hatten verlast/ zůbekommen. Metrop. lib. 11. cap. 6 Wiewol nůn diser krieg lange weret/ ist er doch vertragen. lib. 12. cap. 13. Aber Delmenhorst vom Bischoff eingenommen. Metrop. lib. 11. cap. 12.

Dessau/ Diß schloß ist von herrn Alberto vnd Woldemar gebrüdern/ Fürsten võ Anhalt/ wie eine schrifft vber dem thor auß weiset/ Anno 1341 anfäncklichen gebawet worden/vnnd hat dise Graffschafft züuor geheissen Walderseh/ von dem alten schloß sol len noch ruinæ fürhanden sein. Brot. in Genealog.

Esycus/ Graff zů Ballēstett/ hat dise Herrschafft Waldersehe zům newen Stifft Ballenstet den München gegeben/ist aber von den nachkommen/ nicht lange gehalten worden.

Die Fürsten zů Anhald / besitzen dise Herrschafft noch heüt zů tage.

Dieff=

Dieffholt/ Eine Grafffchafft inn Westphalen zwischen der Hasa vnd Weser gelegen. Hamel. in descriptione Vuestphaliæ sagt sie sol den namen haben/das man das holtz daselbst inn tieffen sümpffigen orthen můs langen.

Es gehören zů diser Graff/oder hertschafft/ die stat Dieffholt/ Luenfort/das Dorff zům Hulpe/da Carolus Magnus die Sachsen zům letzten mal geschlagen hat/vnd da auffgericht eine Capellen zů S. Gehülffen/ Item Drebber/ Bernsdorff/ Goldenstat.

Es ist auch ein grosser sehe/der Thummer genañt/in diser hertschafft / hat in circumferentia bey dreyen grossen meylen/dauon sie grosse nutzung hat.

Anno 1042 ist Graff Otto von Dieffholt mit auff dem Turnier zů Hall inn Sachsen gewesen.

Anno 1256 ist Cunradus Graff zů Dieffholt der neün vnd zwentzigst Bischoff zů Minden worden. Metrop.lib. 7.cap. 41.

Anno 1371 seind zwene Graffen von Dieffholt todt bliben inn der schlacht zwischen Hertzog Magnus von Braunschweig vnnd Hertzog Albrecht von Mechelburg. Chro. Saxo.

Anno 1385 ist Graff Hanß von Dieffholt mit inn Westphelischen bunde gewesen.

Anno 1400 seind die Graffen von Dieffholt mit dē von Bremen in Frießland gefallen. Metrop.lib.11.cap.1.

Anno 1411 ist ein Graff von Dieffholt mit Nicolao dem Bischoff von Bremen inn Frießland gefallen/aber geschlagen wordē. Metrop.lib.11.cap.31.

Anno 1433 ist Graff Rudolph von Dieffholt / Bischoff zů Vtrecht worden/vnd ob es wol jhn vil gekostet hat/ das er inn getrügliche possession komen/ hat er doch vier vnd zwentzig jar wol regiret/ Dorstat/vnd andere güter mehr ans Stifft bracht.

Anno 1440 ist Cunradus Graff zů Dieffholt Bischoff wordē zů Osenbrug/vnd hat wol hauß gehalten. Metrop.lib.11.cap 41.

Sunst findet man biß auff dise zeit/dise ordnung der Graffen zů Dieffholt. Otto/des gemahel Hedwig von Brunckhorst/ Rudolph/sein gemahel Elisabeth Graff Bernharts zůr Lippen tochter. Diser Graff ist mit dem Bischoff von Cöln gewesen/als die vō

C iij

Münster vnd der Hertzog zů Sachsen geschlagen wurden/ Anno 1454.

Friderich sein gemahel Heua Graffen Vlrichs zů Reinstein tochter.

Rudolff sein gemahel Margred/ Graff Jost zůr Hoya tochter.

Friderich Graff zů Dieffholt.

Dietmarschen/ Eine Herrschafft ligt in vndern Sachsen/ in dem theil so Nortalbingia genannt würt/ streckt sich vmb die Elben herumb/ biß an die Eydar/ hat vor zeite in die herrschafft Staden gehört. Keyser Carolus gab sie der Kirchen zů Bremen/ kunden sie aber nicht vertedigen für den Nortmännern/ vnnd Dänen/ darumb wurden die Hertzogen zů Sachsen damit belehnet/ welche sie innen hatten biß auff Heinricum Aucupem/ als dann haben sie einen eygenen herrn bekommen/ im jar 921/ genannt Graff Heinrich der Feiste/ vnnd hat hauß gehalten zů Rosenfelde/ drey meilen von Staden/ sein son war

```
          Heinrich der zeüget
        ┌───────────┴───────────┐
   Seiffrid.                Dieterich.
```

Wurden beyde gefangen von den Dänen/ aber Seiffrid kam heimlich dauon/ Dieterichen wurde die Nase abgeschnitten vnnd schendlich zůgericht/ wurde doch von Seiffrid wid loß gemacht/ ließ keinen erben. Seiffrid aber zeügete.

```
Seiffrid den 2. sein gemahel Idela.

Budanus/ auch Vdo genannt/ nam zůr Ehe die schwester
Cůnonis Graffen zů Reinfelde.

Vdo.  2.

Ludolph sein gemahel Ida.
```

Heinricj III des Keysers Brüder tochter/ hat einen son Ecbertus/ der wurde erschlagen von Marggraff Vdone zů Soltwedel/ das geschah Anno 1067 zůr zeit Heinricj IIII/ ließ keinen erben. Da erlanget Vdo Marggraff zů Soltwedel/ die Graffschafft Staden vnd Dietmarschen/ ließ hinder jhm drei söne.

```
Heinrich/        Rudolph / Marggraff zů        Vdo/ Herr zů Staden.
one erben.       Soltwedel vnd Graff zů        │
                 Dietmarschen/ ist von den     Heinrich.
                 Dietmarschen erschlagen/
                 ließ zwen söne.
                                                Rudolff/
```

Rudolff / wirt schaͤntlich mit
seinem gemaͤhel von Diet-
marschen erschlagen / vnnd
ins wasser geworffen.

Hartwich / Thumprobst zů Bremen.

Der vertauschet Diet-
marschen vmb die Graff-
schafft Staden / aber kunde
es auch nicht erhalten / vnnd
ob gleich viel hernacher mit diser Herrschafft belehnet seind wor-
den / seind sie doch allzeit so empfangen / dz endtlichen die Dietmar-
schen selbst Herren sein worden / biß sie der Koͤnig von Dännen-
marck bezwungen hat. Ex Chro. Ioh. Peterß.

Dinxstlacken / Eine alte Graffschafft inn Westphalen /
vnd ist die stat des namens noch vorhanden / sol den namen haben
von den Lacken vnnd Tuͤchen so da gemacht werden / ligt nicht
weit von Duͤsburg / vnd Wesel. Der Hertzog von Berge ist herr
jetzunder daruͤber. Hamel in descrip. Vuestphal.

Lazius gedencket der Graffen von Duͤnkeslare / so auch Pfaltz-
graffen zů Sachsen gewesen. Als Bruno Hertzog Heinrichs zů
Beyern son / welchs Hertzogen vatter Keyser Heinrich der fincke
ler gewesen.

Bruno der ander / des vorigen son zeugete võ Fraw Gisela / Her-
tzog Ernsten zů Schwaben nach gelassenen Wittfrawen / zwen
soͤne vnd eine tochter / die Bonifacio einem Welschen Marggraf-
fen beygelegt ward.

Der erste son Brunonis Ludolphus hatte vier soͤne / als Marg-
graff Braunen den dritten / der ward erschlagen Anno 1001 vom
Pfaltzgraffen Herman zů Sachsen / Hertzog Otten an der We-
ser / vnd Marggraff Eckebrecht zů Meissen vnd Thuͤringen. Di-
sem letsten Eckbrechten ist sein son Eckbrecht succedirt / welcher inn
einer Muͤhlen erschlagen worden Anno 1090.

Eberstein / Dise Herrschafft ligt im land zů Braunschwei-
ge / bey dem Kloster Amelsbrun.

Anno 1106 hat gelebt Graff Cunrad von Eberstein / dessen mut-
ter hat den heiligen Vicelinum in seiner jugent auffgenommen / vnd
jhn mit nothurfft vnderhalten. Nun hatte dieselbige Graͤffin ei-
nen Hoffprediger / den verdroß es das Vicelinus so grosse gena-
de zů Hofe hatte / fraget derhalben den Vicelinum / ob er auch het-
te den Statium gelesen / vnnd als ers verantwortet / fraget er jhn /

C iiij

er solte jm die summa sagen/ vnd als er schwige/ versprach er jhn
hefftig/ diß gab jm vrsach/ mit allem fleiß dem studieren obzůligen/
zog heimlich dauon auf dem schloß Eberstein/ vnnd kam gen Pa-
deborn/ nam inn den gůten künsten daselbst also zů/ das er herna-
cher Schůlmeister zů Bremen warde/ vnnd der Slauen Apostel/
auch Bischoff zů Oldenburg der eilfft. Crantz in Saxo.lib.5.cap.29.Et
Helmoldus lib.1.cap.43.

Anno 1212 lebete Graff Albrecht von Eberstein/ der dienete
lange Keyser Otten dem vierdten/ vnd seinet halben kam er in gros
se schulde/ vnd beschwerung seiner land vnd leüte/ weil jm aber der
Keyser Otto nichts wider wolt erstattē/ wurde er sein abgesagter
feind/ raubete/ vnd brante auff jhn/ hieng sich auch an den Bischoff
von Magdeburg/ vnd weleten wider Otthonem/ Fridericum Kö-
nig beider Sicilien zům Römischen Keyser/ darein den der Bapst
consentierte.Chro.Magde in vuis episkop.

Anno 1256 Ist Graff Dieterich von Eberstein mit dem Bi-
schoff zů Mentz/ Hertzogē Albrechten zů Braunschweig/ ins land
zů Göttingen gefallen/ als er für der Assenburg lag/ vnd beraubete
das. Nůn hatte der Hertzog einen vogt in lande zů Göttingen/ der
both inn einer stille auff seine Bauren/ vnd vberfelt des nachts den
Graffen vnd Bischoff gantz vnuersehen/ vnd nimbt sie gefangen/
füret sie ins lager für Assenburg/ da ließ der Hertzog dē Graffen mit
den füssen auffhencken/ biß an den dritten tag/ vñ den Bischoff ghen
Braunschweig abfüren. Chro.Saxo. & Crantz in Saxo.lib.8.cap.11.

Heinrich Graff zů Eberstein/ des tochter Agneten/ die hat Her-
tzog Ernst zů Braunschweig vnd Grůbenhagen jm geehelichet.

Anno 1321 hat Herman Graff zů Eberstein dem Bapst gehul-
det.Metrop.lib.9.cap.5.

Anno 1396 hat gelebt Graff Herman von Eberstein/ 8 hat
mit dem Bischoff zů Padeborn Johan von der Hoya/ einen solchē
vertrag auffgerichtet/ das er wolte/ wenn jm Gott keinen mänli-
chen erben bescherete/ die Graffschafft inns Stifft Padeborn ge-
ben. Metrop.lib.10 cap.50.   Aber Anno 1401 hat jm seine hausfraw
einen jungen son gebracht/ da ist der vertrag nichts gewesen. Metro.
lib.11.cap.10.

Hertzog Otto von Braunschweig/ der Hertzog mit dem schieß-
fen beine genannt/ hat Elisabethen des letzten Graffen zů Eber-
stein tochter genommen/ aber keine kinder mit jhr gezüiget.

Anno

Anno 1435 hat Hertzog Wilhelm zů Braunschweig dz hauß Eberstein belagert weil es der Inhaber des hauses / Rausche Plate / mit dem Graffen von der Hoya wider jn gehalten hate / dz auch hernacher erobert / vñ die Herrschafft zům land zů Braunschweig bracht. Chro. Saxo. & Crantz. in sua Saxo. lib. ıı. cap. 24.

Eglen /

Eine Herrschafft im Stifft Magdeburg gelegen / hat anfenglichē einen besondern herrn gehabt / aber nach absterben desselbigen ist sie kommen an die Edlen herrn zů Hadmersleben.

Anno 1405 hat sich eine schädliche zwiespalt erhaben / zwischen dem herrn von Schwartzburg / Ertzbischoff zů Magdeburg / vñ Graff Bernt von Anhald / da hat sich der Graff von Egeln zů den feindē des Stiffts gehalten / vnangesehen / dz er ein stiffts genosse gewesen / doch sie behauset / vnd auf seinem schlof grossen schaden in der Borde thůn lassen. Chro. Magde. & Crantz. in Metro. lib. ıı. cap. 7.

Anno 1411 seind die von Schweichelde auff der Hartzburg / Cunrad / Brandanus / Heinricus gebrüder / iñ dz Stifft Magdeburg gefallen / dz Vieh hinweg getrieben / vñ andere schädē gethan / da wurden wider sie geschickt / Graff Cunrad von Egeln vnd herr Otto von Warberg / welcher jhm nach jagen erschlagen ward / für Derneburg. ıc. Chro. Saxo. & Metrop. lib. ıı. cap. ıı.

Anno 1416 ist diser Cunradus Graff zů Egeln / der letzte gewesen seins geschlechts / vnd weil er dañ keinen mäñlichen erbē ließ / ist dz hauf Egeln an Graff Burckhard von Barbey kom̃en (welcher es denn vom Hertzogen zů Sachsen inn gesampter Lehn gehabt) doch mit der Condition / dz er solte des verlassenen Cunradi tochter / so er im Ehestand mit herr Brotzen von Querfurt tochter gezüget 2000 schock Behmischer groschen zů aufstewr 8 ehe geben. Als aber nůn hernach diselbige zůr ehe nam Graff Albrecht zů Berneburg / vnd der Graffe zů Barbey nicht konde das obgenañte gelt aufbringen / versatzte er dz hauf Egeln mit aller zůbehörung dem Ertzbischoff zů Magdeburg / das er kondte der tochter Cunradi das Ehegelt entrichten. Chro. Magde.

Falckenstein /

Ein herrschafft vnnd schlof im Hartz gelegen / nicht weit von Hartzkeroda.

Anno 1220 vnd hernach lebte Graff Heger von Falckenstein / 8 ordnete inn der tewren zeit / das man kein ander Bier brawen durffte denn ein Stübichen vmb einen pfenning / vnd verbot alle Bierschencken / damit man Brot / Korn haben mochte. Chro. Magde.

Anno

Anno 1225 hat diſer Graff Heger auch Quedelburg gewonnen. Metr. lib. 7. cap. 19.

Anno 1271 hat gelebt Friderich Graff zů Falckenſtein.

Anno 1289 hat gelebt Fraw Lutgard Graͤffin zů Falckenſtein/ herrn Walthern von Arnſtein ſchweſter.

Otto Graff zů Falckenſtein/ hat gelebt Anno 1298/1305 vnd noch 1322. Seine Brüder ſeind geweſen/ Graff Volrath/ deſſen noch Anno 1325 gedacht würt/ vnd Graff Conrad Thumherr zů Hildesheim/ vnnd Graff Heinrich Thumherr zů Halberſtat. Graffen Otten aber vnnd Graffen Volraths ſoͤne ſeind geweſen Graff Otto zů Hildesheim/ vnnd wider Graff Otto zů Magdeburg/ vnnd Burckhart zů Halberſtat/ alle drei Thumherrn/ vnnd Graff Friderich.

Anno 1330 wirt gedacht Graff Burckharts zů Falckenſtein.

Anno 1405 hat diſe Graffſchafft innen gehabt Rudolphus Fürſt zů Anhalt vnd Biſchoff zů Halberſtat/ jetzunder beſitzen das hauß vnd herrſchafft die Edlen Junckern von der Aſſeburg.

Frideburg/ Ein ſchloß vnd Dorff darbey an der Sala gelegen/ iſt fürzeitten eine freye herrſchafft geweſen.

Anno 1216 hat ein Herr da gewonet Hagē von Frideburg/ hatt den Biſchoff Albertum zů Magdeburg/ ſo von Ottonis des IIII hauptman Ceſario gefangen/ vnd auff Wedisdorff gefürt ward/ widerumb helffen loß machen. Chro. Magd. in uita Alberti epiſco.

Hagen von Frideburg.

Ulrich iſt Anno 1164 albereit todt geweſen.

Boier der älter	Boier der Jünger	Ulrich 1273	Sophia Proͤpſtin zů Wenthauſen	Künegund/ geiſtlich zů Quedleburg.

haben Bornſtett auch jnnen gehabt

Seiffrid hat Bornſtet verkaufft. 1286.

Otto/	Botho/	Wernher 1311 ſeind auch Herrn zů Hadmersleben worden. ex literis Cœnobij Gerbſtedenſis.

Anno 1368 hat diſe herrſchafft Biſchoff Albrecht vom Stifft verkaufft für 300 Marck. Chro. Magdc. Iſt darnach wider ans Stifft gefallen/ biß Anno 1442 hat das hauß mit aller zůbehörung höling vnd gerechten / mit dem Dorff Wisenstet / Bischoff Günther / dē Graffen zů Mansfeld für 14000 schock Meisnischer gulden verkaufft / die es den noch haben vnd besitzen. Weitern bericht wirt (ob Gott wil) von diser Herrschafft thůn der herr Magister Cyriacus Spangenberg / in seiner Mansfeldischen Chronica.

Gebekenstein /

Ein alt hauß / ligt an der Sala vnder der statt Halla / hat für zeiten auch einen eygenē herrn gehabt / darnach haben es einbekommen die Graffen zů Merseburg / biß da Esycus / Graff zů Merseburg ist gestorben / als dann hatt Heinricus II. der Keyser dise Herrschafft iim jar 1004 dem Ertzbischoffe Dagano zů Magdeburg geschenckt / dann er jn lieb hatte / weil er zůuor sein getrewer Rhat / Cantzler vnnd Capellan gewesen / vnnd von diser milten schenckung sol das Schloß den namen bekommen haben / Geb / ick / den Stein / dann zůuor es nůr zům Stein geheissen hatt / wie auß der Sachsen Chronica zů beweisen / darinnen stehet / das Adelbertus der erste Ertzbischoff zů Magdeburg zům Steine gestorben sey. Anno 981. Chronica Merseburg.

Die Bischoff zů Magdeburg besitzen es noch heüt zů tage / vnd haben es mercklichen gebessert. Es gehöret darzů Halla die stat / Glauche die vorstatt / der Newemarckt / Lebekun / Conra / vnd wol inn die siebentzig Dörffer / wiewol Bischoff Ludolph Anno 1206 vil sol daruon gebracht haben. Chro. Magde.

Göttingen /

Eine Graffschafft / die statt des namens ist noch vorhanden.

Anno 1110 ist dise Herrschafft loß gestorben / da hat sie der Hertzog zů Sachsen / Lotharius eingenomen zů seinem lande / vnd bracht sie an das Hertzogthum an der Weser. Chro. Saxo.

Anno 1391 hat Hertzog Otto an der Leyna / für der statt Göttingen / auff der Kirchen daselbst / ein Castel machen / vnnd da auff die Burger achtung geben lassen / das man ja nichts mocht inn die Statt bringen. Da haben sich die Burger auff gemacht / seind für das Castell gerucket / das zerrissen / vnnd zwentzig wehrhafftiger mann darauff gefangen. Aber nichts desto weniger rüstet sich Hertzog Otto die statt zů belagern. Als nun nůn die Burger das jnnen wurden/gedachten sie jhm zů begegnen/ vnd die weil vil vnnützes/loses gesindes inn der statt war/vnd sie des gerne weren loß gewesen/damit sie desto leichtfertiger köndten die belegerung aufstehn vnnd ertragen/ erdachten sie einen solchen ranck/ das sich an den ortt alle arme leütte für der statt samlen solten/ da das Castel eingenommen/ vnnd gewunnen were/da wolte man Gotte dem Herrn zůr dancksagung für die victorj reiche Spende auftheilē/bald funde sich dahien viel volcks auß der stat/ als man jhnen nůn die Spende miltiglich hat aufgeteilet/ vnd sie wider zůr statt wolten/ waren die Thor verschlossen/ vnd wurde jnen herauß angesagt/sie soltē sich an andere ortt begeben/ biß auff bessere zeit/ man köndte jhr jetzunder inn der statt wol entrhaten/ weil sie jnen darinnen beschwerlich weren. Da můste jederman se hen wo er bleiben mocht. Sax. lib. 10. cap. 14.

Was sich sonsten mehr iñ der statt Göttingen zů getragen/ vnd verlauffen hatt/ mag man lesen/ inn Saxo. Crantz. lib. 10. cap. 7 Item lib: 12. cap. 1, 36, 33. Item lib. 13. cap. 5.

Hadmersleben/ im Stifft Halberstatt eine Hertschafft.

Anno 1238 hatte dise Graffschafft jnnen Otto Marggraff zů Brandenburg. Aber die Bischoffe zů Magdeburg vnnd Halberstat/gewoñen sie dem Marggraffen abe/vnd brachten sie an jre Stiffte/ haben darnach andere damit belehnet. Chro. Saxo.

Anno 1242 hat Ludolph von Hadmersleben Mönche Neumburg helffen verbrennen. Chro. Monche.

Anno 1255 hat gelebt Graff Gardin/ oder Gardewin/ von Hadmersleben/ vnnd zůr ehe genommen Fräwlin Agnes/ von Braunschweig/ Hertzog Hansen Tochter/ Chro. Saxo. Hatt noch gelebt Anno 1295.

Anno 1265 ist gewesen Friderich Herr zů Hadmersleben.

Anno 1277 hat gelebt Werner/ von Hadmersleben/ zů welchs zeitten etliche auß dem Stifft Hildesheim/ des nachts ein fielen inn Hadmersleben/ der meinung/ sie wolten etliche Burger auffheben/ vnd hinweg füren/ aber es ward lautbar/ das die burger zůr wehr kamen/ da můsten sie die flucht geben. Im nach jagen wurden jr viel gefangen. etc. Chron. Magd. in uita 32. epis.

Anno 1367 ward herr Hans von Hadmersleben erschlagē/
inn

tm dem kriege zwischen Hertzog Magnus zů Braunschweig/vnd
dem Bischoffe zů Hildesheim.

Anno 1416 ist der letste herr zů Hadmersleben gestorben Cun
radus/der auch Graff zů Egeln war/vnd weil er keinen männli=
chen erben ließ/fiel seine herrschafft ans Stifft. Das Kloster da=
selbst ist gestifft Anno 1107 von Bischoff Reinhart zů Halber=
stat. Chro.Saxo. würt vom Landuolck gemeinglich Hoymersleben
genannt/jetzt hat es jnnen Christoff vom Hagen.

Hakeborn/ Ist vor zeiten eine ansehenliche Herrschafft ge=
wesen/ vnnd haben die herrn jren sitz auff dem schloß Helpede bey
Eißleben gehabt.

N. von Gottes gnaden Herr zů Hakeborn/ hat verlassen
nach seinem Tode.

Albrecht/ herr
zů Hakeborn/
hat gelebt An
no 1230. vnd
gelassen

Gerdraut/die andere   Ludolph.
Sptissin zů Rodardes
dorff 1251. ist gestorben 1291 zů
Helffte/dahin das Kloster von Ro
dardes dorff verleget wordt. Anno
1251.

S. Mechtildes/ Klo=
ster fraw zů Helffte.
Von welcher dß Bůch
geystlicher gnaden vñ
offenbarung/gemacht
ist.

Albrecht/ hat gelebt
Anno 1246. sein
erstes Weyb hat ge=
heissen Irmgard/
die ander Agnes.

Ludwig/ hat noch gelebt
Anno 1270. vnd gelassen

Albrecht/ Friderich/ Sophia/
welche gelebt noch Anno 1297.

Albrecht/ dises weyb
hat geheissen Sophia
vnd hat gelebt Anno
1290.

Albrecht/Herr
zů Helffte hat
gelebt Anno
1320

Ludwig/hat
gelebt Anno
1305

Otto.

Albrecht/
der starbe

Friderich/sein gemahel
eine Gräffin von Stol=
berg.

Joannes

Ludwig.

Friderich hat gelebt Anno 1370.

Schreiben sich von Hakeborne/herrn zů Wippra.

Ir wappen/ ein Stern mit acht ecken oder strahlen.

D

Haldeslewe/ Sol vor zeiten eine Graffschafft gewesen
sein/ist aber bald abgestorben/da hat sie Heinricus Leo hertzog zů
Sachsen zů sich genommen.

Anno 1161 haben die burg belagert Heintrici Leonis feinde/
vnd grosse Bolwerck vnnd Blochheüser dafür auffgericht/ damit
sie die burg möchten gewinnen. Saxo. Crantz. lib.6.cap.10.

Anno 1180 ist Keyser Friderich vnd Leo da zůsammen kom=
men. vide Crantz.in Saxo.lib.6.cap.38.

Anno 1181 zog Bischoff Weichman von Magdeburg für
Haldesleuen/welches er für vier jaren hatte eingenommen/ vnnd
nůn Heinricus Leo jm hatte wider genommen/ vnnd darauff ge=
setzt einen mercklichen Reuber Bernt von der Lippe/ der dem lan=
de grossen schaden that/lag dafür von Liechtmessen biß auff des
heiligen Creützes tag/ da gewan ers vnnd zůbrachs in den grund/
zog also frölich wider anheym. Chro. Magde.in vita huius epis.

Die Sächsische Chronica sagt/ das sie haben die burg müssen
auff drencken/ damit sie die selbige gewinnen mochten.Es sey auch
der Bischoff damit vom Keyser belehnet worden.

Anno 1223 ist sie allererst wider gebauwet.

Es schreibt auch Crantz.in Saxo. lib.6.cap.7. das ein Graff von
Haldesleuen habe gestifftet das Kloster zů Luter/Welches her=
nach Lotharius hat inn ein Mönch Kloster verändert/ vnd nach
jhm Königs Luter genannt würt.

Hallermund/ Eine Graffschafft gelegen an der Alre im
Bisthumb Hildesheim.

Anno 1148 haben die Graffen von Hallermund gestifftet dz
Kloster Schima.Metrop.lib.6.cap.42.

Anno 1182 haben Graff Ludolff vn Wilbrant gebrüder bey dē
Leone gestanden vn den Bischoff zů Cöllen Philippum helffen be=
kriegen.Saxo.lib. 6. cap.39.

Anno 1462 ist Wildebrandus Graff zů Hallermund/ so zůvor
Apt zů Corbey gewesen/der 49 Bischoff zů Minden worden.Crā.
lobet jhn sehr Metro.lib.11.cap.41.

Vnnd mag gar wol diser Wildebrandus der letste Graff inn
disem geschlecht gewesen sein/denn vmb das jar 1480/ ist
dise

diſe herꜩſchafft / durch den alten Herꜩogen Wilhelm ʒů Braun-
ſchweig / ʒů ſeinem lande bꝛacht woꝛden. Saxo.lib.11.cap.31.

Heruoꝛd/ Eine herꜩſchafft voꝛʒeiten / iſt aber bald ab-
gangen / auch noch ʒůr ʒeyt Caroli Magni. Dann Wolderus
Graff / als er keinen männlichen Erben hatte / ʒog er ʒů Wetichin-
do / ſo ʒům Herꜩog inn Sachſen / vnnd Chꝛiſten neůwlich ge-
macht / vnd erlanget von jm / das er ſein hauß vnd gůter möcht ʒůr
antichtung eines Kloſters geben / das bewilliget Wetichindus /
da wurde das Kloſter Heruoꝛd geſtifftet. Hamel.in deſcript. Vueſt-
phal. ex Chro.Mindenſi.

Es iſt diß Kloſter hernacher reicher gemacht / vnnd mit vielen
gůtern begabet woꝛden / von andern herꝛn. Cobbo Graff ʒů Tek-
lenburg hat viel gůter der Kirchen ʒů Oſnabꝛug entʒogen / vnnd
diſem Kloſter ʒů gewand / dieweil ſeine freünde darinnen die für-
nembſten / aufferʒogen wurden. Metrop lib.1.cap.40.& lib.2.cap.17.

Die Kirche ʒů vnſer lieben Frawen ʒů Heruoꝛd hat geſtifftet
Meinwercus der ʒehend Biſchoff ʒů Badeboꝛn. Metrop. lib. 4.
cap 4.

Holte/ Eine Herꜩſchafft inn Weſtphalen voꝛʒeiten. Crantz
in Metrop.lib 6.cap.14. nennt ſie Barones, das iſt / Panerherꜩen / oder
Freyherꜩen.

Der 53 Erꜩbiſchoff ʒů Cöln Wigholdus ein gelehꝛter man / iſt
ein herꜩ von Holte geweſen. Chro. epiſco.Colonienſ.

Item der 28 Biſchoff ʒů Münſter Ludolphus. Metrop. lib. 8.
cap. 14.

Item Wilhemus der 30 Biſchoff daſelbſt. Metrop.lib. 8.cap.45.

Anno 1144 iſt Graff Philippus von Caꜩenelnbogen der 25
Biſchoff ʒů Oſnabꝛug woꝛden / vnder dem woneten die herꜩn vo̅
Holte / vnd richteten allenthalb̅n vnfůg an / vnnd trieben groſſen
mutwillen / da wurde diſer Biſchoff verurſacht / das er ſie darum
beſpꝛechen můſte / aber ſie ſchlůgens inn den windt / verlieſſen ſich
auff jhꝛe feſtung / můſt derhalben der Biſchoff ſie mit gewalt an-
greiffen / belagert jr ſchloß alſo / das inn ſiben jaren ſie kein pꝛouiant
bekom̅en mochten / da wurden ſie geʒwungen ſich ʒů ergeben / vn̅
das feſte hauß dem Biſchoff ʒů antwoꝛten / damit ſie inn gehoꝛſam
leben möchten. Metrop.lib.6.cap.14.

D ij

Holstein/ Eine weitberůmbte vnd hertliche Graffschafft/ inn Nidersachsen in Nortalbingia gelegen.

Als Carolus Magnus die Sachsen hat bekrieget/vnnd sie zům Christen glauben bracht/hat er das land zů Holstein eingethan einem landvogt Albi one/ darnach Vthone. Da die nůn erschlagen waren/kam es an die Hertzogen zů Sachsen. Vnnd sol Ludolphus hertzog zů Sachsen/ der erste herr inn Holstein worden sein.

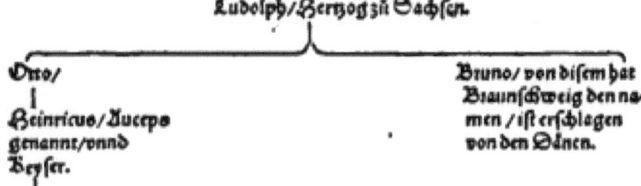

Ludolph/Hertzog zů Sachsen.

Otto/
Heinricus/Auceps genannt/vnnd Keyser.

Bruno/ von disem hat Braunschweig den namen/ist erschlagen von den Dånen.

Otto Magnus Keyser/diser hat das vnder Sachsenland/ darvnder auch Holstein/ Hermanno Billingi Son geschenckt/vnnd ihn zům Hertzogen inn Sachsen gemacht.

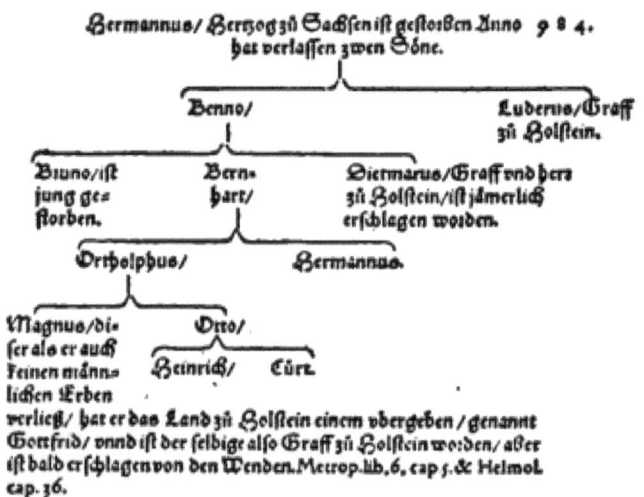

Hermannus/ Hertzog zů Sachsen ist gestorben Anno 9 8 4. hat verlassen zwen Sóne.

Benno/

Luderus/Graff zů Holstein.

Bruno/ist jung gestorben.

Bernhart/

Dietmarus/Graff vnd herr zů Holstein/ist jåmerlich erschlagen worden.

Ortholphus/

Hermannus.

Magnus/diser als er auch keinen månnlichen Erben

Otto/
Heinrich/ Cürt.

verließ/ hat er das Land zů Holstein einem vbergeben/genannt Gottfrid/ vnnd ist der selbige also Graff zů Holstein worden/ aber ist bald erschlagen von den Wenden. Metrop.lib.6, cap 5.& Helmol. cap. 36.

Nach dem tode Gotfridj hat Keyser Lotharius Adolpho von Schawenburg die Graffschafft Holstein geliehen / das geschehen ist vmbs jar 1114.

Adolphus

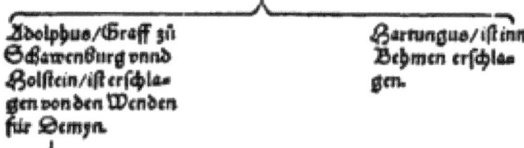

Adolphus Graff zů Schawenburg vnnd Holstein.

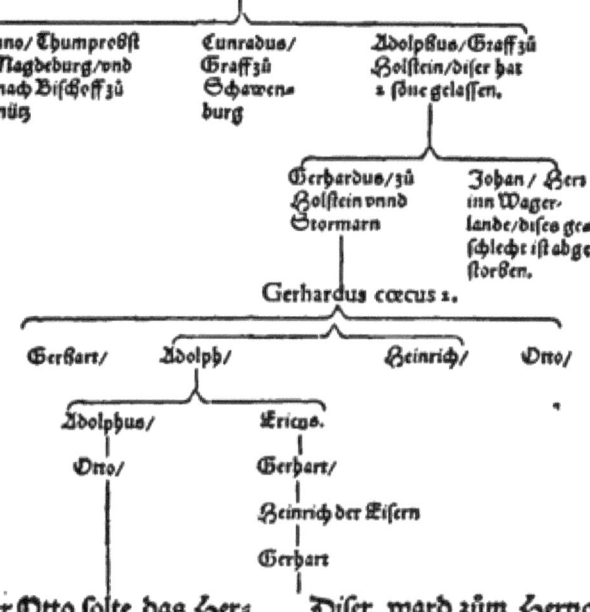

Adolphus/Graff zů Schawenburg vnnd Holstein/ist erschlagen von den Wenden für Demyn.

Hartungus/ist inn Behmen erschlagen.

Adolphus/ist auch Graff zů Staden worden.

Bruno/Thumprobst zů Magdeburg/vnd hernach Bischoff zů Olmůtz

Cunradus/ Graff zů Schawenburg

Adolphus/Graff zů Holstein/diser hat 2 söne gelassen.

Gerhardus/zů Holstein vnnd Stormarn

Johan/Herr inn Wagerlande/dises geschlecht ist abgestorben.

Gerhardus cœcus 1.

Gerhart/   Adolph/   Heinrich/   Otto/

Adolphus/   Ericus.

Otto/   Gerhart/

Heinrich der Eisern

Gerhart

Diser Otto solte das Hertzogthumb Holstein bekommen haben/als eine rechte Manslehen/nach absterbē Gerhardj/aber er ließ es dem Graffen vō Oldenburg/hernacher König zů Denemarck/vmbs gelt folgen.

Diser ward zům Hertzogen inn Holstein gemacht/verließ eine Tochter die freyet Graff Dieterich von Oldenburg/vnd wurde durch sie Hertzog zů Holstein/vnnd das geschlecht hat es noch heüt zů tage.

Volkommlichern bericht von diser edlen herrschafft mag man lesen inn der Holsteiner Chronica Ioh. Peters. vnd inn Saxo. Crantzij lib. 8. c⌒. 26. da er die gantze Genealogiam ordenlich beschreibet. Item Munsterum.

Hohnstein/ Eine Grafſchafft im Hartze die noch heůt zů tage vorhanden iſt.

Anno 1 0 8 0 ſol dz hauſ gebawet ſein voͤ Cunrado der ein Neff geweſen iſt Ludouici Barbati herrn inn Thůringen. Chronica Thuringen.

Anno 1 3 6 4 hatten ſich auff das Schloß Hohnſtein vil ſtraſ ſenreüber gelegt/ die thaten inn Thůringen groſſen ſchaden/ da machten ſich Erffurd/vnd andere Thůringiſche ſtett auff/vnd zogen mit Graff Heinrichen von Hohnſtein fůr das ſchloſ/ daſſelbige zů ſtůrmen vnnd ein zůnemen. Dieweil aber Hertzog Otto an der Leyna/ inn růſtung ſaſ/ vnnd ſie ſich etwas fůr jhm beſorgen můſten/ das er den feinden im ſchloſ nicht moͤchte beyfall geben/ zogen ſie zů jhm/ vnnd nach langer vnderredung/ ſagt er jhnen zů er wolte ſtill ſitzen/ vnd durch die finger ſehen/ aber was geſchah/ Als ſie kaum dafůr kommen waren/ machte ſich Hertzog Otto auff/ mit ſeinem gerůſten volck/ vberfiel ſie vnuerſehens/ wurget vnd nimbt gefangen/ wen er ankumpt. Aber wz er fůr lob dauon erlanget hat/ liſ Crantz.in Saxo.lib 9.cap.34.

Anno 1 3 9 0 iſt Graff Ernſt von Hohnſtein/Biſchoff zů Halberſtat worden/ inn der ordenung der 3 2. Crantz in Metrop. lib.10, cap.38. ſagt von jhm/ er ſey geweſen uir ſeuerus & induſtrius & iuxta no men ſuum grauis, vnnd habe allzeit mit Friderichen Hertzogen zů Braunſchweig im kampff gelegen/ der auch nicht weichen wolte/ vnd alſo zwene harte ſteine zůſamen kamen/ darumb ſie auch nicht klein haben malen koͤnnen. Metrop.lib.10.cap.38.

Anno 1 4 0 3 iſt Otto Graff zů Hohnſtein Biſchoff zů Merſeburg worden der 3 6 inn der ordenung/ hat vier jar regiert/ wůrt nicht gelobt.Chro.Merſe.lib.1.cap.44.

Anno 1 4 1 5 ſeind auff dem Concilio zů Coſtnitz mit Marggraff Friderich von Meiſſen geweſen zwen Graffen von Hohnſtein Heinrich genannt.

Anno 1 4 3 7 waren vneins Biſchoff Burckhart zů Halberſtat vnnd Graff Heinrich von Hohnſtein/ da fiel der Graff dert Biſchoff ins land/ vnnd raubete was er antraff/ Der Biſchoff gedachte ſich zůrechen/ bringet auf ſeinen vnnd anderen vmbligenden ſtetten auff 8 0 0 Pferd/ vnd vber 1 0 0 0 fůſknechte/dem Graffen ſein land damit zůuerheren. Erlanget auch geleith/ vnnd

ein sichern Paß vnnd durchzug/ vom Graffen zů Schwartzburg
vnnd Stolberg/ wiewol man sagt/ das sie es mehr mit dem
Graffen/ denn mit dem Bischoff gehalten/ ja jhme volck zůge-
schickt vnnd fürschupff gethan sollen haben. Nůn hatte der
Graffe sein volck inn bequeme orth verstecket/ da nůn der Bi-
schoff daher zog/ fielen sie herfür/ stachen/ wurgeten wen sie
antraffen/ da wurden jhr bey 300 gefangen/ die sich mit grossem
gelde lösen můsten. Der Bischoff ward durch ein schenckel geschos-
sen vnnd kundt kaume entkommen. Saxo.lib.11.cap.18.

Man sagt dise Niderlag sol geschehen sein bey dem Dorff Off-
derung/ dauon noch die Straß durch dē berg/ der Toden weg ge-
nannt wůrt. Vnnd seind dise verßlein dauon gemacht.

Bis duo C post M Burckhard Trigintaᵹ septem
Semipolis Cives, sed & armigeros & heriles
Hohnstein prostrabat, uinclis inuste grauabat,
Huius consortes Stolberck Schuuartzburgᵹ Cohortes. Das ist.

Als viertzehen hundert geschrieben ward
Auch sieben vnd dreissig/ ist Burckhart/
So Bischoff war zů Halberstatt/
Sampt seinem volck vnnd Rittern gradt/
Vom herrn zů Hohnstein so erlegt
Das wer da kund/ zůr flůcht sich regt/
Da warn erschlagen viel im feld/
Viel lösten sich mit grossem gelt/
Der Bischoff kriegt inns bein ein Schoß/
Schwartzburg/ Stolberg warn mitgenoß
Des herren von dem Hohnstein/
Es galt nur dem Bischoff allein.

Anno 1486 ist Graff Ernst von Hohnstein auff dem Thur-
nier zů Bamberg gewesen.

Jr wappen seind weisse vnd Rothe Schachtfelde/ oder balckē
vbereinander geschrenckt/ die viel viereckter felde machen. Seind
auch herrn zů Lhara.

Jre Genealogia sol dise sein.

N.

Adelgerus 1. Graffe zů Bilstein/ sein Weib Bertrada/ oder Gerdraut von Birchberg.	Ludwig herr zů Lora/ ist inn dem Kriege/ den Hertzog Vlrich wider den König zů Behem gefürt/ vmb kommen Anno 1126.

D iij

a

Adelgerus 2. sein gemahel Luttrud Gräffin von
Orlamünde / der erste Graffe zů Hohnstein / auß
dissem geschlecht Anno 1190. Ist inn Littaw zů
Vdna blieben. Mart. Cromerus lib. 15.

Adelgerus 3. seine gemahel Vda geborne Burggräffin von Magdeburg / ist gewesen Anno 1215.

Heinrich 1.

Eilger 4. Graff
von Hohnstein /
der erste Prior
zůn Predigern
zů Isenach / hat
gelebt Anno
1236. vnnd
ist gestorben Anno 1242.
zů Franckfurt.

N. Kloster-
fraw zů Ro-
re inn Fran-
cken Anno
1248.

Dieterich 1. sein
gemahel Hed-
wig eine Gräf-
fin von Artz / hat
gelebt 1233.

Heinrich 2. sein gemahel Mechtild / Gräffin von Regenstein / etliche schreiben von Retz / der brachte Clettenberg vnnd Greüssen an die herrschafft Anno 1260.

Heinrich 3.
sein gemahl
Anna von
Rauensburg /
diser ist vom Apt zů Fulda
gefangen worden / Anno 1304.

Dieterich 3. sein
gemahel eine Gräf-
fin von Waldeck /
Er starb Anno 1329.

Adelger 5.
Canonicus

Vlrich 1.

Adelger 6.

Dieterich 2.
sein gemahel
Sophia von
Anhalt / die
starb Anno
1330. Er
bracht an die
herschafft
Sundershau-
sen / Straußberg
vň Verstett / starb Anno 1309.

Luggardt
Graff Al-
brechts zů
Barbey ge-
mahel / wel-
cher starb An-
no 1332. Sie
aber für jm
1305.

Dieterich 4.
sein gemahel
Ermegardt
Gräffin von
Besserburg.

Otto / Münch
zů Walckero-
den / Coadiutor
vnd darnach
Bischoff zů
Mersburg
1402.

Heinrich 4. sein ge-
mahel Elisabeth /
Gräffin von Wal-
deck / brachte zůr
herrschafft Schart-
feld / Lara / Bleichro-
de / Heringen / Artern.

Albrecht /
ein Tem-
pelherr.

a

b

Dieter-

a   B

Dieterich 5. sein gemahel Albeyt von Holstein/ die ander Sophia von Braunschweig/ sie starb Anno 1394.

Bernhard/ Anno 1344.

Ernst.l. Bischoff zu Halberstat/ Anno 1390.

Ulrich 2. sein gemahel Agnes/ Hertzogin von Braunschweig. Er brachte an die herrschafft Kelbra/ Moringen/ Wippra/ Heinrichsberg/ vnnd Schouwerde/ starb Anno 1404.

Heinrich Anno 1341.

Günther. Heinrich 5. der Baale starb Anno 1367. sein gemahel Mechtild Gräffin võ Orlaminde starb/ Anno 1368.

Heinrich 6. der verlohr Hohnstein/ Anno 1413. sein gemahel ist gewesen eine von Weinsperg.

Dieterich/ 6. gab Hohnstein/ Herigen/ vnd Kelbra halb/ Graff Bothen zu Stolberg/ starb im gefengnuß Anno 1417. Es ist diser villeicht Graff Dieterichs des 4 Son gewesen.

Heinrich 7. mit der rothen platten/ sein gemahel Agnes Hertzog Otten zu Braunschweig schwester

Eilger/ 7. Probst zu Northausen/ Thumherr zu Magdeburg/ starb Anno 1346.

Joannes/ Edler Herr zu Heldrungen/ sein gemahel Anna fürstin von Anhalt Anno 1467. Fürst Georgen tochter.

Ernst 2. sein gemahel Anna Gräffin von Stolberg/ die starb Anno 1430.

Heinrich 8. der stolze so zum Steine gefangen gelegen.

Günther/ ist mit seinem Bruder geschlagen worden bey Osterbagen/ Anno 1415. von Hertzog Erich zu Braunschweig.

Bernhard/ Graff zu Hohnstein/ vnnd Vierraden

Wolffgang. 1425

Anna/ Graff Ulrichs zu Reinstein gemahel/ 1430

Heinrich 9. der Künc/ Graff zu Lara/ sein gemahel ein Gräfsin zu Waldeck. Er starb Anno 1454.

Eilger/2. Anno 1431.

Ernst 3. sein gemahel Albeit Gräffin von Aldenburg/ welche hernach Graff Gebhart zu Mangfeld gehabt. Graff Ernst starb Anno 1454.

Margaretha/ Graff Günthers des 3. zu Mangfeld gemahel 1450.

c   b

Ernst/

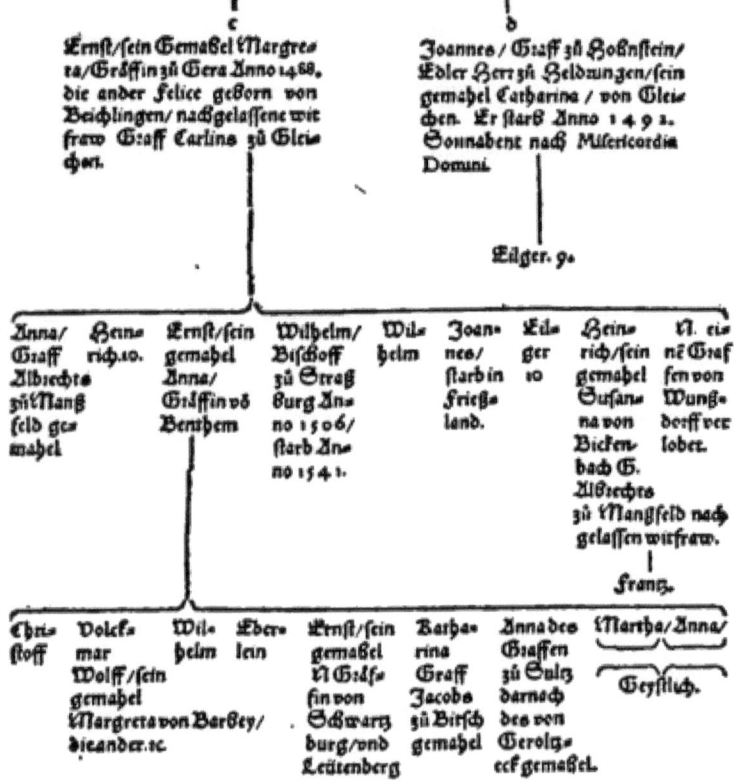

Ernst/sein Gemahel Margre=
ta/Gräffin zů Gera Anno 1488.
die ander Felice geborn von
Beichlingen/ nachgelassene wit=
frew Graff Carlins zů Glei=
chen.

Joannes / Graff zů Hohnstein/
Edler Herr zů Beldungen/sein
gemahel Catharina / von Glei=
chen. Er starb Anno 1492.
Sonnabend nach Misericordia
Domini.

Eilger. 9.

Anna/ Graff Albrechts zů Manß feld ge= mahel	Hein= rich.10.	Ernst/sein gemahel Anna/ Gräffin vō Benthem	Wilhelm/ Bischoff zů Straß burg An= no 1506/ starb An= no 1541.	Wil= helm	Joan= nes/ starb in Frieß land.	Eil= ger 10	Hein= rich/sein gemahel Susan= na von Bicken= bach G. Albrechts zů Mangfeld nach gelassen witfrew.	N. ei= nē Graf sen von Wung= dorff ver lobet.

Frantz.

Chri= stoff	Volck= mar Wolff/sein gemahel Margreta von Barbey/ die ander. ıc.	Wil= helm	Eber= lein	Ernst/sein gemahel N.Gräf= fin von Schwartz burg/vnd Leütenberg	Barba= rina Graff Jacobs zů Birß gemahel	Anna des Graffen zů Sultz darnach des von Gerolts= eck gemahel.	Martha/Anna/ Geystlich.

Ausserhalben diser Genealogien/werden auch nachfolgende Herrn von Hohn=
stein inn den Historien befunden. als.

Burghart von Hohnstein 1208.

Luggart/Graff Albrechts zů Barbey gemahel/ welcher starb
1332. sie aber für jhm 1305.

Heinrich sein gemahel / eine Gräffin von Kefferberg / vnnd
starb 1342.

Heinrich Apt zů Huseborg.

Elisabeth G.Günthers des 2.zů Manßfeld gemahel/starb 1412.

Joannes Graff zů Hohnstein herr zů Klettenberg/ sein Ge=
mahel herrn Bruno zů Querfurt schwester.

Homburg/

Homburg/ Eine herzschafft vor zeiten.

Anno 996 ist Heinrich herz zů Homburg auff dem Thurnir zů Braunschweig gewesen.

Anno 1174 hat Adelock der 24 Bischoff zů Hildesheym/ dise herzschafft ans Stifft bracht/ durch einen rechten kauff/ mit bewilligung Keysers Friderici. Brusch.in uita huius epis.

Es haben aber die Bischoff dise herzschafft nicht lange behalten/ sondern andere damit belehnet/ wie denn Anno 1342 gewesen ist ein herz von Homburg mit Herzog Albrecht dem Bischoff zů Halberstat/ als der selbige das Kloster Helffta bey Eyßleben geplündert vnd verbrant hat.

Anno 1371 hat gelebt Graff Hanß von Homburg/ welcher ist für Lüneburg schändlichen mit vilen gůten leüten ermordet worden. Chro.Saxo.

Herzog Friderich/ Herzog Ernsten zů Braunschweig Son (nepos Heinrici mirabilis) hat zůr Ehe gehabt Fraw Elisabethen geborne Gräffin zů Homburg.

Anno 1435 haben die Herzogen võ Braunschweig dise herzschafft vom Stifft Hildesheim vnder sich bracht. Chro.Saxo.

Horstmar/ Eine herzschafft inn Westphalen hat vor zeiten reiche Graffen vnd herzn gehabt/ der letzte herz sol ganz gütig vnd frumm gewesen sein/ das jhn auch beydes Heyden vnd Christen haben leiden können. Der Bischoff von Münster hat dise herzschafft vielleichte auß milter vbergebung des frummen herzns an sich bracht. Hamel.

Hoia/ Eine herzschafft iñ vndern Sachsen/ vmb das 1190 jar hat sie jhren anfang bekommen/ schreibt Crantz in Metrop. lib. 7. cap.12.

Anno 1208 hat gelebet Graff Heinrich von der Hoia/ ist gezogē wider die Stedinge/ die als reüber waren/ vnd hat jr vil erschlagen. Metrop.lib.7.cap.33.

Anno 1254 ist Gebhart der 33 Bischoff zů Verden worden/ ein Graff von der Hoia. Metrop.lib.8.cap.4.

Anno

Anno 1 3 4 4 hat Graff Heinrich von der Hoia eingenommen das hauß Tedinghausen. Metrop.lib.9.cap.18.

Anno 1 3 4 7 ist Graff Widichindus Bischoff zů Minden worden. Metrop.lib.8.cap.16.

Anno 1 3 5 6 hat gelebt Graff Gerhardus von der Hoia/ist Gottfrid dem Bischoff von Bremen beygestanden/wider Mauritium der auch Bischoff sein wolte. Metrop.lib.9 cap.41.

Darumb auch die von Bremen jhm die herrschafft schentlich haben verwustet. Cap. sequenti.

Anno 1 3 5 8 vmb die selbige zeit ist Hertzog Wilhelm zů Braunschweig auff Hertzog Erich zů Sachsen gezogen an die Elben/vnnd da er jm hatte etliche heüser eingenommen/ist Graff Hans von der Hoia/der hertzog Erichs schwester zůr Ehe hatte/zů jhm gezogen/vnnd so vil gehandelt/das Hertzog Wilhelm zů frieden war/doch muste Hertzog Erich jhm seine schwester zůr Ehe geben/zeüget aber keinen Erben mit jhr. Saxo. lib. 9. cap.31.

Anno 1 3 7 0 hat gelebt Graff Albrecht/von der Hoia. Vmb dise zeit ist Graff Otto Bischoff zů Münster gewesen. Metrop. lib. 10.cap.49.

Anno 1 3 8 8 seind zwen Graffen von der Hoia bey Winsen inn der schlacht/zwischen den Hertzogen von Braunschweig/vnd deme zů Lüneburg vmbkommen.

Anno 1 3 9 4 seind Graff Erich vnnd Graff Otto der Jünger von der Hoia/mit denen von Münster für Steinfort gelegen/den gefangenen Bischoff zů entledigen/haben beyde zwo schwestern/der eine Graff Otto/fraw Helenam. Der ander Graff Erich/fraw Agneten/Hertzog Magnus zů Braunschweig töchter zů Ehegemahel gehabt/deren eine Fraw Agnet Graffen Bussen zů Mansfeld hinterlassen witfraw gewesen.

Anno 1 3 9 8 ist Graff Hans von der Hoia Bischoff zů Hildesheim worden. Metrop.lib.10.cap.46.

Anno 1 4 0 7 ist Bischoff zů Verden worden/Heinricus Graff zůr Hoia. lib.11.cap.49. Metrop.

Eben vmb dise zeit hat auch gelebt Graff Otto von der Hoia/hat es mit der statt Bremen gehalten/wider die Graffen von Oldenburg. Metrop.lib.11.cap.6.

Vmb

Vmb das jar 1434 hats Graff Hans von der Hoia/ſampt
dem Biſchoff zů Cöln/ mit dem Graffen zů Spiegelberg gehaltē/
wider die Hertzogen zů Braunſchweig vnnd Lüneburg/ da ſeind
ſie jhm inns land gefallen/ vnnd ſein Schloß Barenburg einge=
nommen. Saxo.lib.11.cap.14.

Anno 1441 iſt Graff Albrecht võ der Hoia Biſchoff zů Min
den worden. Metrop.lib.11.cap.51.

Anno 1442 iſt Gerhard Graff zů der Hoia Ertzbiſchoff zů
Bremen worden/ ſein Brůder Joannes Biſchoff zů Münſter/ ſein
vetter Erich Biſchoff zů Oſnabruck/ welches brůder Graff Hans
geweſen. Metrop.lib.11.cap.40.

Joannes Graff zůr Hoia/ ſein gemahel Eliſabeth/ Gräffin zů
Dieff holt.

Joſt Graff zůr Hoia/ ſein gemahel Armgart/ Gräffin von der
Lippe.

Joſt/ ſein ge= mahel Magdalena Graf= fen Wolffes zů Gleichen tochter	Joannes/ ſein gemahel ein Königin auß Schweden/ Kö= niges Guſtauj ſchweſter.	Erich/	vi. Graffen Friderichs zů Bruncthorſt ge= mahel
	Johannes erſtlich zů Oſnabruck Biſchoff/ Darnach zů Münſter/ qui iam viuit.		

| Albrecht/ ſein gema= hel ein Gräffin võ Olden= burg | Margreth/ Graff Ru= dolphs zů Dieff holt gemahel. | Juſt/ | Wolffgang ward von einē Pfer= de getretten das er ſtarb. | Erich/ ſein ge= mahel Eliſa Beth toch= ter zům Rettberge. | vi. ſein gemahel vi. Gräf hel vi. fin von Benthem/ des letſten von Ret= berg nachgelaſſene witfraw. | Fridrich ſein gema hel vi. | Jrmel vi.vi. garde. |

Hundbruck/ Iſt ein orth des landes im Stifft Hildes=
heim zwiſchen Daſſel vnd der Erichsburg.

Anno 1310 hat der 34 Biſchoff zů Hildesheim/ Heinricus
ein Graff von Woldenburg/ neben der Herꝛſchafft Daſſel/ auch
diß orths landes zům Stifft bracht/ vnnd vom Keyſer Heinrico
Lützelburgenſi inn die lehn bekommen. Bruſ.inn ſeiner Epitome de
Epiſcopatibus. & Metrop.lib.9.cap.3.

E

Isenburg/ Eine Graffschafft inn Westphalen.

Anno 1227 hat Graff N. zů Isenburg gehabt 3. sōne

Bruno ward Bischoff zů Osnabrug. Metrop.bb.7. cap 43.	Dieterich Bischoff zů Mün ster.bb.8.cap 5.	Friderich/diser hat der Kirchen zů Isfinden grossen oberlast gethan.

Derhalbē ward er vermanet vom Bischoff zů Cōln Engelberto/ aber er lieβ jm nicht sagen/ vnnd verachtet alle Christliche vermanungen vnd warnungen. Da můste der Bischoff jhm mit gantzem ernst zů sprechen/vnd schatzet jhn zimlich / das verdroβ nun dē Graffen / vnnd gedachte solchs am Bischoff zů rechen/hat derwegen acht auff jhn/ vnud da er wolte die Kirch im Dorffe Zwelm ein weyhē/ vberfelt jn d Graff vnuersehens mit gewaltiger hand/ schlegt jhm acht vnd zwentzig wunden / das er sterben můste. Es war groβ trawren vmb den Bischoff/ denn er wol hauβ hielt/vnd seines ampts fleissig wartet. Als nůn ein ander Bischoff erwehlet ward/mit namen Heinricus/ der hatt seines vorfaren Tod also gerechnet. Es můste Graff Friderich sein Schloβ selbst ein reissen/ vnnd sich gefencklich einstellen/ Nůn verlieff sich wol ein gantz jar ehe er gefangen ward/ wurde gehn Cōlln gefūrt vnnd geradtbrecht.

Crudeli facto saeua pœna imponitur,decernitur rotis tormentalibus per crura,per brachia,per dorsum & ceruicem confringi. Ita pauit coruos nobile corpus,sagt Crantzius. Nůn bliebe es bey diser straff nicht/sondern die zwene Brüder Bruno vnnd Dieterich Bischoff/ wurden auch abgesetzt von jhren Amptern vom Bapst/ aber endlichen kamen sie wider zů genaden.Metrop.lib.7. cap.43.

Das alte zerrissene Schloβ ligt noch bey der stat Haddingen in Westphalen.

Nůn seind heüt zů tage Graffen zů Büdingen/wohnen bey Königstein/nicht weyt von Franckfurt/ die schreiben sich von Isenburg/ob sie aber des vorigen geschlechtes seind/ist mir nicht eygentlich bewust.

Derer Genealogia ist dise nachfolgende.

Johan-

N

Dieterich

Johannes / sein gemahel
Anna Gräffin von Schwartz=
burg.

Antonius / Graff zu Isen=
berg / sein gemahel Ame=
lea Gräffin von Reyneck.

Imelcia
Graffen
Philipe
zu Naf=
fow ge=
mahel.

Antonius
ward jhm
merlicher er=
mordet.

Philippus / sein
gemahel Ir=
melgart Graff
Philippsen zu
Salme auff
Braunfels toch=
ter.

Ludwig /
ein Thum
herr.

Otto blieb
inn der
schlacht
für Geif=
fridebaw=
fen 1553.

Ludovica Blo=
sterfraw
zu Maricen
Brun.

U. Der
Keine
Graffen
gemahel.

Antonius / sein
gemahel Anna
Gräffin von
Wideste.

Elisabeth Graff
Günthern zu
Schwartzburg
gemahel.

Wolff
Ernst / sein ge=
mahel ist ge=
wesen des Prin=
gen zu Uranien
schwester.

Anna

George /
sein ge=
mahel U.
ein Gräffin
von Werte
heim.

Matthe=
ria

Elisa=
beth

Wolffgang
sein gema=
hel ist gewe=
sen ein Graff=
sin von Ge=
naw.

Sybilla
Burg=
graff
zu Kind=
berg ge=
mahel.

Katha=
rina
eine
Graffin
U. zu
Salm
gema=
hel.

Anna
Bern
von Berne
steing=
mahel.

Imeleia

Reinhart / seine erst
gemahel Elisabeth
von Waldeck / die
ander Margretha
von Mangfeld /
Von der ersten /

Margretha Gräf=
fen Baldewin
zu Naffow ge=
mahel.

Jtter / Ein Graffschafft ist gelegen bey der stat Corbach.

Anno 1304 ist Theodorius der 26 Bischoff zu Paderborn
worden / seines geschlechte ein Graff zu Jtter. Metrop.lib.8.cap.47.
Et Brusch.in sua Epitome.

Der Landgraff zu Hessen hat jetzunder diese herrschafft.

E ij

Kappenberg/ Eine Herzschafft inn Westphalen. Crantz
in Saxo.lib.5.cap.15.gedencket Graff Ottons von Kappenberg/das er
hab zůr Ehe genommen Graff Friderichs zů Arnsberg Tochter
(welches Graffen Friderichs mütter war gewesen/ Hertzog Ot-
ten tochter an der Weser) vnd mit jhr gezeüget ein tochter/genant
Heilich/ Die hat er zůr Ehe geben Graff Eilmar vō Oldenburg/
der mit jr gezeüget

Heinrich/Graff zů Oldenburg.	Christian/Graff zů Oldenburg.	Otto/Propst zů Bremen.

Metrop. lib. 5. cap. 31.

Anno 1186 hat Wernerus der 21 Bischoff zů München so vil
zůwegen bracht/daß das Kloster zů Kappenberg Præmonstratenser
Ordens ist auffgericht worden mit grossem kosten/ vnd gütern be-
gabt/ weil es dazůmal ein newer Orden war/ vnnd hat der Bapst
solche lust zů dem Kloster gewunnen/ das er wolte dahin begra-
ben werden. Metrop.lib.6.cap.45.

Anno 1215 haben dise Graffen vō Kappenberg noch gelebt/
denn Crantz schreibet in Metrop.lib.7.cap.33. Das Graff Herman-
nus Bischoff zů München/vnnd Graff zů Behem/ sey der Graffen
von Kappenberg freünd gewesen.

Katelenborg/ Eine herzschafft vorzeiten ist gelegen bey
der stat Northeim.

Anno 1100 hat Dieterich der letste Graff auß seinē schloß Ka-
telenborg ein Kloster des namens gestifftet/ wie denn sein Vatter/
auch Dieterich genannt (welches gemahel Gertrudis Marggraff
Egbrechts zů Sachsen tochter/ Graffen Heinrichs zů Northeim
hinderlassen Witfraw gewesen) das München zů S. Alexander
inn Eimbeck gestifftet hat. Chro.Saxo. vnnd ist diß Kloster hernach
ein Nonnenkloster worden/ ligt nicht weit von Hertzberge/vnnd
helt jetzt hoff daselbst Hertzog Philipp von Braunschweig vnnd
Grübenhagen.

Albertus Crantz schreibet inn Metrop.lib.5.cap.31. Das Hertzog
Otto an der Weser vnder anderen Kindern habe gehabt

Heinrich/

Heinrich/diſer hat gefreyet Gerdraut/Marggräffin von Sachſen/ vnnd mit jhr ge= zeüget Rixam/die Lotharius Coeſar zůr Ehe nam. Als aber nůn Heinrich verſtarb freyet Gerdraut Graff Dieterich von Badelenburg.

Cüno/diſer Cüno/ſagt Crantz/ſol Radelenburg haben helffen ſtifften/vnd ſeinen Hoff Königshof= fen/ſo er des orths hatte darzů geben.

Landsberg/ Eine Graffſchafft/dauon das alte zerriſſene ſchloß noch verhanden/zwiſchen der Elben vñ Salah. Die Meiß niſche Chronica ſagt Marggraff Dieterich ſol es gebawet haben/ Anno 1170 mit der Capellen/vñ darzů gelegt Sangerhauſen/ Pe tersberg/Scopaw/Leckeſtett/Delitz/ꝛc. Sagt Crantz.in Saxo.im jar 1318.

Dazůmal hat auch gelebet Hertzog Magnus von Braun= ſchweig/der nam zůr Ehe Agnes des Graffen tochter zům Lands berge/vnd bekam mit jr zůr eheſtew: die gantze herrſchafft/hat mit jr gezeüget vier ſöne.

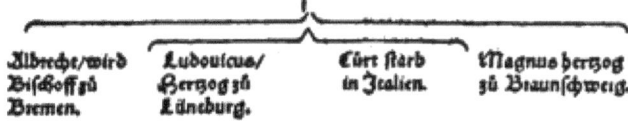

| Albrecht/wird Biſchoff zů Bremen. | Ludouicus/ Hertzog zů Lüneburg. | Cůrt ſtarb in Italien. | Magnus hertzog zů Braunſchweig. |

Crantz.in Saxo. lib.9.cap.11;

Es behielten aber die Hertzogen zů Braunſchweig diſe Herr= ſchafft nicht gar lange. Den Anno 1367 wurde Hertzog Magnus im ſtreit von dem Biſchoff von Hildesheim gefangen/dem můſt er groß gelt geben/wolte er loß ſein/ da můſte er diſe herrſchafft ver= kauffen/vnd gab ſie vmb einen geringen ſchatz/den Hertzogen võ Sachſen. Chron. Saxo.

Jr wappen ſeind fünff balcken/die lenge herab/zwen ſchwartze vnnd drei weiſſe.

Lawenrode/ Eine herrſchafft vor zeitten/das Schloß iſt gelegen/da jetzund die Newſtatt ligt für Hanofer der ſtat/vnd hat dazůmal Hanofer darzů gehort.

Anno 937 hat gelebt Wilhelm Graff zů Lawenrode/iſt mit vff dem Thurnier zů Magdeburg geweſen.

E iij

Anno 1156 sturben die Graffen allesampt / da nam Hertzog Heinrich der Lawe die Herschafft ein / vnnd ließ die stat bessern. Chro. Saxo.

Es soll auch ein Graff von Lauenrode das Closter S. Augustinj inn Verden gestifft haben. Metrop.lib.6.cap.33.

Anno 13 71 beklagten sich die von Hanofer / vber das Hauß Lawenrode / darauß jhn grosser schaden vnd vberlast geschah / für dem Hertzogen zů Sachsen Albrecht / derwegen zogen sie dafür vnd rissen es inn grund. Chro. Saxo.

Linau / Ist vorzeiten auch eine Graffschafft gewesen. Als
im jar 1349 der geschrliche vnd schädliche krieg entstund im Stifft Bremen / zwischen Bischoff Gottfrid von Arnsberg vom Bapst dazů Confirmirt / vnnd Mauricio Graffen zů Oldenburg / den seine vorfahren zům Bischoff erwelet / vnnd weil er sein Vicarius gewesen / die ämpter inne hatte / daselbst hat der Graff von Linau vnnd Stenfort / Mauricio von Oldenburg inn die 900 wehzhafftiger leüt zůgefüret / vnd grossen schaden gethan. Metrop. lib. 9. cap. 40.

Nůn hatten sie auff dem hauß Linau etliche leütte / die dem lande grossen schaden thaten / mit rauben vnnd morden. Derhalben ward beweget Hertzog Erich zů Sachsen / das er mit jnen vmbs hauß handelte / gab jnen gelt / da kaufften sie den sumpffingen ort zů Darsing. Aber als sie da auch wolten den vorigen handel treiben / haben sie die Hertzogen von Mechelburg / vnnd Hertzog Otto von Lüneburg auß dem lande getrieben. Chronica Saxon. lib. 9. cap. 22.

Lippe / Eine Herrschafft inn Westphalen.

Anno 1011 hat Keyser Heinrich dem Bischoff Meinwerco zů Padeborn die Graffschafft Haholt gegeben / vnnd würt gedacht / das inn dieselbige Graffschafft gehört Lemgo / Diethmolden / Laga / Sultbecke. 2c. welches alles jetzt den Graffen zůr Lippe zůstendig.

Anno 1167 ist Graff Gerhart von der Lippe Bischoff worde zů Osnabrug / hat 27 jar wol regirt. Metrop.lib.7.cap.7.

Anno 1181 lebete Graff Bernhart von der Lippe. Heinricus der aus der Lawe satzte jhn auff Haldesleben/ das er solte auff das Stifft Magdeburg rauben/ wie er denn auch that/ das Bischoff Weichman můste dafür ziehen vnd jhn mit gewalt herauß treiben. Chro.Magde.

Gerhart Bischoff zů Oßnabruck/ darnach Ertzbischoff zů Bremen.

Vmbs jar 1210 hat gelebt Graff Bernt von der Lippe/ ist ein Mönch worden/ darnach ein Apt/ endlich ein Bischoff/ vnder anderen waren seine kinder.

Gerhart/ Ertzbischoff zů Bremen	Herman/ diser ward erschlagen/ als sein brüder Johannes wider die Stedingen zog/ sein gemahel Graff Simons zů Tecklenburg tochter. Metro.lib.7.cap.47.	Otto/ Bischoff zů Vtrecht/ ward erschlagen 1224. hat 10 jar vnd sehr wol regirt. Metrop. lib.7.cap.40.
Otto/welcher vmbs jar 1247 ist Bischoff zů Münster worden/ des namens der 2. Metrop.lib.8 cap.31.	Bernhart/ zůr Lippe Metrop.lib. 8.cap.15.	Simon ist Bischoff zů Padeborn worden/ ist gefangen 1254. wider loß worden/ Anno 1256. vnd regiret biß auff 1277.
Bernhart/ 1268 Sein haußfraw Gertrudis von Arnsberg.	Hermann 1274.	
Simon		

Diser hat Anno 1285 das hauß Engern jnne gehabt/ vnd darauff grossen schaden gethan dem stifft Oßnabrug. Derwege můste Bischoff Ludwig auff jn ziehen vnd jn gefangen nemen/ biß er bewilliget/ was der Bischoff haben wolt. Metrop. lib.8.cap.52.

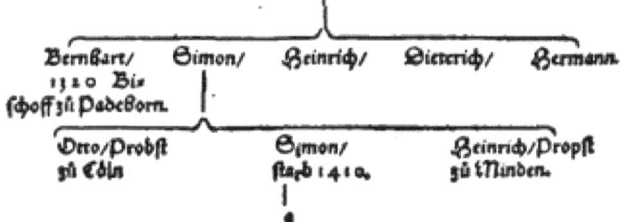

Bernhart/ 1320 Bischoff zů Padeborn.	Simon/	Heinrich/	Dieterich/	Hermann
Otto/Probst zů Cöln	Simon/ starb 1410.		Heinrich/Probst zů Minden.	

Bernhart/ sein gemahel Elisabeth Gräffin zů Morse starb Anno 1415.

Simon sein gemahel eine Fürstin von Braunschweig vnd Gru benhagen Margretha genannt/ Hertzog Erichs tochter.

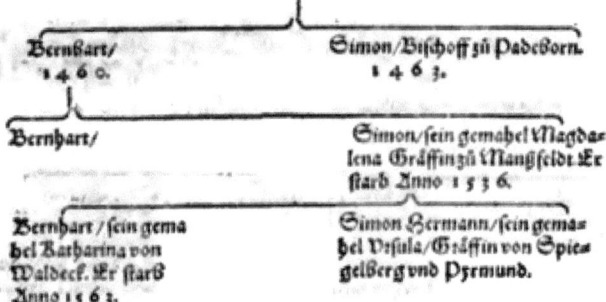

Bernhart/ 1460.	Simon/ Bischoff zů Padeborn. 1463.
Bernhart/	Simon/ sein gemahel Magda lena Gräffin zů Mannßfeldt. Er starb Anno 1536.
Bernhart/ sein gema hel Katharina von Waldeck. Er starb Anno 1563.	Simon Hermann/ sein gema hel Vrsula/ Gräffin von Spie gelberg vnd Pyrmund.

Vmbs jar 1400 Als Wilhelmus Bischoff zů Padeborn war/ wolten jm die herrn von der Lippen nicht huldē/ derhalben zeühet er auff sie/ vnd ob sie dem Bischoff gleich offtmals den kopff boten/ doch als sie jhm zů schwach waren/ můsten sie sich dem Bischoff vndergeben .lib.11.cap.15.

Zůr zeit Alberti Crantzij seind herrn zůr Lippe gewesen

| Simon/ ist Bischoff zů Padeborn. | Bernhart, Vir supra multos militares satis ad bella fortunatus, animosus, constans, procerus, fortis & omni bus virtutibus militaribus præeminens. |

So lobet jhn Crantz. in Metrop.lib.11.cap.47. Sie haben auch beide kriege gefürt wi der den Landgraffen von Hessen/ der jnen etwas vom Land wolt entfrembden. Saxo.lib.11.cap.5.

Luchaw/ Eine reiche Herrschafft im Hertzogthumb Lüne burg.

Anno 1133 sol Graff Burckhart von Luchaw ermordet sein von Graff Herman von Winsenburg. Chro.Saxo.

Anno 1151 starb der letste Graff von Luchaw (auch Burckhart geheissen) vnd befahl für seine ende/ jn/ wie seine voreltern/ in einen aufgehöleten Eychenbaum zů verpflocken vnd also zů begraben/
da na-

da namen seine Schwäger/der Graff von Oldenburg vnd Hal-
lermund/die herrschafft zů jren händen/vñ stiffteten darvon das
Kloster zů Luchaw/oder Loken/Cistracienser ordens. Metrop.lib.6.
cap. 41.

Es hat auch Graff Heinrich von Oldenburg/weil er dise herr-
schafft hatte/gestifftet das Kloster Clotaw auch Cistracienser or-
dens/welchs hernacher gelegt ist worden gehn Reme/Dieweil es
aber da an wasser mangelt/ist es transferirt worden gehn Voldorp/
da es denn noch ist.lib.9.cap.6.

Vnd haben dise herrschafft jnen gehabt die Graffen von Olden-
burg/biß auffs jar 1512. da ist sie ans Hertzogthumb Lüneburg
kommen/durch Hertzog Otten hertzog Hansen son zů Lüneburg.
Chro.Saxo.

Johan Petersen schreibt im ersten theil seiner Holsteinischē Chro-
nica/dz kurtz zůvorn/ehe die Hertzogē die herrschafft an sich bracht
haben/Anno 1306 der letzte Graff des geschlechts von Olden-
burg/habe eine tochter gehabt vnnd sie zůr ehe geben einem Graf-
fen von Mansfeld/vnd da sie ein mahl jren alten vatter heimsůch-
en wil/vnd sie vber die Lüneburger heyde gefaren ist/da habe sie
im Holtz ein erbärmlich geschrey gehört/als eines alten Mannes/
vnd als bald einen diener was da were/abgeschickt sich zůerkundi-
gen/weil aber das geschrey jmer geweret/vñ der diener nicht balde
wider kommen/sey sie selbst dem geschrey gefolget/vnd gefunden ei-
nen alten betagten Man/deme sein son ein loch machte/vnd jn ge-
bunden wolte darein verscherren. Da sie solchs gesehen/vnd der
alte berichtet/es were so eine gewonheit im lande/er hette es seinem
vatter auch gethan/habe sie dem son etlich gelt geben/den vatter
lenger darvon zůerhalten/vnd sey darvon gefaren/vñ souil verschaf-
fung gethan/dz solche böse gewonheit ist abgebracht worden.2c.

Magdeburg/ Ist vor zeiten eine herrliche Burggraff-
schafft gewesen/wie sie denn noch heüt zů tage die Churfürsten zů
Sachsen haben/vnnd sich Burggraffen darvon schreiben.

Die Ersten Hertzogen zů Sachsen von Witichindo/vnd son-
derlich Heinrich der Keyser/vnnd Otto der erste/haben dise herr-
schafft inne gehabt/vnnd als Otto da ein Bisthumb stifftet im
jar 970/leibet er diser Herrschafft lehn dem Bischoff ein/doch
das der Burggraff den Ban solte bey dem Reiche süchen. Chro.
Magdeburg.

Anno

Anno 9 3 ō wurde dise Burggraffschafft gelauhen einem herrn in Sachsen genant Gero/diser hat einen brůder gehabt/mit namē Friderich/der ist Anno 937 auff dē Thurnier zů Magdeburg gehalten auch gewesen. Geronis sitz aber war auff dem schloß Gerosdorff genannt/für Quedelburg gelegen/dauon das alte gemewer noch heüt zů tage vorhanden vnnd zůsehen ist. Als er nůn Burggraff ward/vberlieſ er denselbige seinen sitz seinem sone Geronj/er aber zog auff Magdeburg/vnd lieſ zweite sône. Als

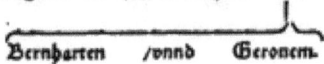

Bernharten /vnnd Geronem.

Bernhart ist Bischoff zů Halberstat worden/vnd als Keyser Otto wolte ein Bisthumb anrichten zů Magdeburg/wolte ers jm nicht gestatten/Derwegen lieſ jn der Keyser gen Quedelburg gesencklichen fůren/der hoffnung/er würde die bewilligung als deñ von sich geben/weil Magdeburg inn seine Pfarr gehorte. Aber was geschahe/der Keyser kompt gehn Quedelburg / als das der Bischoff erfaren/lest er jhm bringen seinen Bischofflichen ornat/vnnd bitt den Keyser für sein gesencknuſ zů kommen/der sich solches gar nicht wegerte/inn gůter hoffnung / der Bischoff würde sich bedacht haben/Aber da thut jhn der Bischoff mit hertzhafftigen worten inn den Bañ/Den Keyser verdroſ es wol/doch gleich wol můst er den Bischoff loſ/vnnd jhme seine diœcesin vnzetteilet lassen.

Gero sein brůder succedirte dem Vatter/vnd ward Burggraff zů Magdeburg/dises Geronis kinder seind

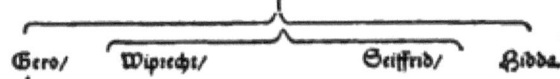

Gero/   Wiprecht/   Seiffrid/   Hidda.

Diser Gero hat einen son gezeüget/hieſ Seiffrid/sein gemahel hieſ Hedwig/da nůn der son für dem vatter starb/stifftet er Gernrode für dem Hartze/vnd gab darzů seines sons erbe/vnnd satzte Hedwigen zůr ersten Eptissin vnnd Domina dahin / ist gestorben Anno 9 6 5. 14.Calen.Iul.Chro.Saxo. Ist ein auſ der massen feiner Herr vnnd Held gewesen/wie jhn denn die Historien nennen/einen beschirmer des Vatterlandes/vnnd sein Epitaphium auch anzeyget/welches zů Gerenrode inn der Kirchen noch heüt zů tage zůsehen ist.

. *Gero Dux & Marchio fundator Ecclesiæ*
    Saxonum.

                                    Epitaphium

Epitaphium Geronis Ducis Marchionis, fundatoris Ecclesiæ Gernroͤdensis.

> Zuͦ Laußnitz erster Fürst was ich.
>> Dreissig Wendischer Herrn toͤdtet ich.
> Stifftet Gernroda von eygener hab/
>> Daselbst man sihet noch heüt mein grab.

Anno Domini D CCCC LXV. 14 *Calendas Iulij obijt illustris Dux et Marchio Gero huius Ecclesiæ fundator, cuius anima requiescit in pace. Amen.*

Wiprecht starb ohne Erben.

Seiffridt/ als er auch keine Erben hatte/ stifftet er Gröningen/ welchs jetzunder das hauptschloß ist im Stifft Halberstat.

Hidda Geronis tochter/ welche die Sachsen Chronica Wiborch nennet/ hat gefreyet Graff Christian/ herr zuͦ Lusatz/ vnd mit jm gezeüget zwen soͤne.

Gero ist Ertzbischoff zuͦ Coͤlln worden.	Tiethmarus/ als diser auch keine Erben zeügete/ haben beide Bider von jren guͤtern gestifftet das Kloster an der Salah Moͤnche newenburg/ Anno 975. wie den

das Epitaphium/ so inn der Kirchen des Klosters/ in eine stein gehawen/ auß weiset.

> *Tithmarus cum filio Marchio Misnensis*
>> *Pro tunc Dominus Lusacensis.*
> *Claustrum fundauit, dotauit nos quoque pauit*
>> *Voce sub humana, sic ut hic laus quotidiana*
> *In Christi cultum saluet cum prole sepultum*
>> *Hæc pro dote piæ pater obtulit ultro Mariæ.*

Anno 978 ist diser Marggraff Tiethmarus gestorben.

Als nun diß geschlecht der Burggraffen also erbloß starb/ hat ß Keyser Otto/ neben dẽ hertzogthum in vndern Sachsen/ dise herrschafft geben Hermaño Billingi son/ võ Stubesgehorn/ der seiner kinder zuͦchtmeister gewesen/ vñ sich in allen stucken gegen dẽ Keyser trew/ aufrichtig vnd Christlich hatte verhalten.

Von jm ist sie darnach kommen an die Graffen von Walbke bey Helmstet/ da hernacher eine Canoney gestifftet ist. Von dañen an
>> die herrn

die herrn von Plotzke/weiter an die von Querfurt. Metrop.lib.6.cap.
22. vnnd darzů halff der Ertzbischoff Cunradus daselbst/das also
sein brůder Burckhard Burggraff zů Magdeburg ward.

Fürter ist sie kommen an die herrn von Schrapelaw/ Endt=
lich wider an die Hertzogen zů Sachsen/ die sie denn noch ha=
ben.

Das wappen ist ein halber Adler/ vnnd drey Balcken.

Mansßfeld/ Eine alte/ Edle vnnd löbliche Graffschafft/
die noch (durch Gottes gnad) inn hohen Würden stehet / vnd
nicht vnbillich mag gerümet werden/ weil auß jhr der mann Got=
tes/ Doctor Martinus Lutherus geboren ist / vnd die reine lehr
Jesu Christj darinnen noch geprediget würt/durch alle sampt seine
Christliche/ bestendige bekenner vnd diener Gottes /zůuor auß
durch die zwene Ehrwürdige vnnd hochgelehrte Männer/ vnnd
trewe diener Jesu Christj/ Herrn M. Hieronymum Mencelium/
der gantzen herrschafft Superintendentem,vñ M. Cyriacum Span=
genbergium Pfarhern/vnd Dechant der Kirchen zů Mansfeld.
Auch daß das Edle kleinoth/das herrliche Schifferbergwerck
darinnen ist.

Wie alt aber dise herrschafft ist/ kan ich eygentlich nicht wissen/
Man list inn dem Heldenbůch/ das Anno Christj 542 sol ein
Graff von Mansfeld Hegerus genant/ an König Artus hoffe
inn Engelland gewesen sein/vnd an der taffelrunde gesessen.

Anno 938 ist Otto Graff vnnd Herr zů Mansfeld auff dem
Thurnier zů Magdeburg gewesen.

Anno 981 zůr zeit Ottonis als die Graffen die Hunnen spei=
seten/seind sie inn die Acht erkleret.

Anno 1082 ist Graff Ernst von Mansfeld/ wider Keyser
Heinricum IIII/ mit den Sachsen gezoge/vnd die Friesen für Eiß
leben geschlagen.

Anno 1115 hat gelebt Graff Hoyer von Mansfeld/ der dem
Keyser Heinrico V. dienet wider die Sachsen/ vnnd den eilfften
Februarij inn der grossen Niderlage bey Welffesholtz erlegt ist/ võ
dem schreibet Helmoldus cap.41 also.

Cecidit in eo bello Hagerus, princeps militiæ Regis, natus & ipse in Saxonia,

Saxonia, destinatus ad ducatum Saxoniæ si res prospere cessissent.

Vnnd *Abbas Vrsbergensis* sagt von jm also.

Cum per aliquot dies pars utraque alteri minaretur & parceret , quidam uir fortis, nomine Hoyar, qui dudum inter multa, quæ bellicose egerat Sigefridi Palatini Comitis nece , se famosissimum in aula regis effecerat, assumptis omni electa iuuentute , quæ , ut ipse moræ fuit impatiens, Saxones nimirum compatriotas audacter inuasit , ipseque leonina ferocitate dimicans , gloriæ cupiditate , qua flagrabat, multis secum cadentibus, propria morte probauit.

Dises erzele ich darumb / das man sehen sol vnnd mag / wie vnbillicher weise / diser Edler Herr / vnnd seine Nachkommen aufgetragen werden / als solten sie vntrewlich an jhrer Oberkeyt gehandelt / vnnd meineydig worden sein. Aber es můß allen so gehn / die es nicht mit dem Bapst / Heüchlern / vnnd Suppenfressern halten.

Von disem Adelichen Ehrliebenden Ritter vnnd Kriegsman Hoyer / seind die wolgebornen vnd Edlen herrn von Manßfeld / die noch leben / vnd das hauß Manßfeld jnnen haben / entsprungen vnd herkommen.

Anno 1260 warde zům Ertzbischoff zů Magdeburg erwelet Rupertus Graff vnnd herr zů Manßfeld. Er empfieng sein Pallium vom Bapst Alexandro / war siben jar Bischoff / bracht inn das Gottes hauß / Zorbeck. Er ist den Juden hefftig feind gewesen / hat sie wol geschatzt / vnnd endtlich auß dem lande getrieben. Metrop. lib. 8. cap. 13.

Grundlichen vnnd volkommenen bericht / von diser Edlen herrschafft / beyde des landes / der herrn / güter vnnd vnderthanen / würt man (ob Gott will) inn einer kürtze finden vnnd lesen inn der Manßfeldischen Chronica / so der Herr M. Ciriacus Spangenberg dauon aufgehn würt lassen.

Marca / Eine herrschafft inn Westphalen.

Anno 1160 sol sie haben jhren anfang bekommen / durch zwen Brüder Adolphum vnnd Johannem / die auß Italia kommen / sagt Crantz. in Metrop. lib. 6. cap. 17.

S

Dagegen schreibet Munsterus im dritten bůch võ der herrschafft Berge/ das habe angefangen zůr zeit Heinrici Aucupis/ die Graffschafft Altena/ welche Crantz außdrucklichen offtmals nennet die Graffen von der Marck. lib. 10. cap. 11.

Anno 1132 war Bruno von der Marck der 38 Ertzbischoff zů Cöln/ darnach Arnoldus der 40. Fridericus der 41. Bruno der 44. Adolph der 45. Der kam darnach gehn Lüttich/ oder Vtrecht.

Otto Graff zů Altena/ vnd Engelbertus võ der Marcka/ seind mit im Cölnischen bunde gewesen / wider Graffen Simon von der Lippa im jar 1254/ haben jhn auch helffen erlegen vnnd fangen.

Anno 1308 ist Gerhart Graff zůr Marck Bischoff worden zů Münster/ Crantz lobet jhn sehr/ das er ein Heyliger man gewesen sey. lib. 8. cap. 55.

Anno 1343 starb Adolph von der Marck/ Bischoff zů Lüttich/ vnd kam an seine stat Engelbrecht von der Marck/ welcher Anno 1363 Ertzbischoff zů Cöln ward/ sein Brůder Graff Dieterich war lange zeit Coadiutor zů Osnabruck/ dem Stifft nutzer dann die Bischoff selbst. Metrop. lib. 10. cap. 4. 14. vnd 48.

Anno 1348 hat Ludovicus Landtgraff zů Hessen/ vnd Bischoff zů Münster bekrieget den Graffen von der Marck/ vnnd ob er gleich grossen anhang hatte/ jn doch bezwungen. lib. 9. cap. 17.

Auch hat gelebt zů diser zeit Graff Adolph von der Marck/ der Bischoff zů Münster worden ist. lib. 9. cap. 45.

Anno 1390 hat die stat Tremon/ oder Dortmünde gekriegt wider den Graffen von der Marck/ der jhr nachbawr war/ vnd von alters her hieß der Graff von Altena/ denn der Graff mit hülff des Ertzbischoffs von Cöln/ verwüstet jhnen die äcker/ vnd ließ keinen Burger zůr stat sicher auf vnnd einziehen. Aber die sach kam zům vertrag also/ das die stat Dortmünde dem Graffen / wegen des schutzes / kein gelt mehr geben solte/ wie zůvorn geschehen/ auch solte der Graffe abreissen die Schlösser/ so er inn des Bischoffs namen auffgericht hatte/ Die Burger aber solten dem Graffen leyhen zwentzig tausent gulden/ welche er bey seinem leben nicht/ sondern seine erben erlegen solten. Saxo. lib. 10. cap. 11.

Oelue=

Melueroda/ Eine Herrschafft in Sachsen/im Hertzog-
thumb Braunschweig/vnd haben dise herrschafft jnen gehabt die
nachkommen Heinricj Aucupis.

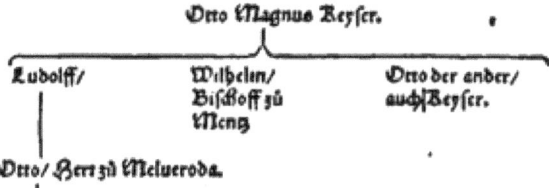

Bruno/ Bischoff zů Verden/darnach Römischer Bapst/vnnd
Gregorius der V. genannt/ist auch ein Herr zů Melueroda gewe-
sen/sagt die Sachsen Chronica/im jar 9 8 4.

Vnnd Crantz schreibet. lib.4.Saxo.cap.17. Das Bruno der erste
Marggraff inn Sachsen/ Heinricj Ottonis des ersten Brüder
son/ sey auch ein herr zů Melueroda vnd Hogeworde gewesen.

Mülingen/ Ist für zeiten eine sondere Graffschafft gewe-
sen/ligt im Magdeburger Bisthumb.

Anno 1 2 4 2 hat gelebt Graff Gebhart von Mülingen/ hat
helffen Mönchenewenburg verbrennen.Collect.Chro. Monche.

Anno 1 3 1 8 hat Bischoff Burckhart zů Magdeburg Mü-
lingen gewonnen/ vnd zůstöret. Aber Graff Albrecht von Bar-
bey bawet es wider auff/mit hilff der statt Magdeburg. Chron.
Magdeburg.

Heüt zů tage haben dise herrschafft/ die wolgebornen Herren
von Barbey/ die sich denn auch dauon schreiben/ herrn zů Mü-
lingen.

Northeim/ Ist auch der alten Graffschafften eine.

Anno 1 0 6 3 war ein Graff zů Northeim hieß Otto/der kriegt
das Hertzogthumb Beyern/ als Heinricus Claudus gestorben
war. Aber Heinricus der vierde/ hatte es jhm wider genom-
men/dieweil ers mit den Sachsen hielt/ ja der Sachsen anstiesf-
ter war/ wider den Keyser/ vnnd hats dem Guelffen geschenckt/
darüber Otto so erzürnet/ das er sich machte an das Keyserliche
hauß/die Hartesburg/ vnnd die jämerlich mit den Sachsen zů

S ij

rif/ auch des Keysers junges Sönlin/ so neben dem hauß inn der
Kirchen begraben lag/ aufgrub vnnd auff dem felde allenthalben
die gebeyn zerstrewet. Chro.Saxo. Anno 1103.

Diser Otto ist gestorben Anno 1104/ vnd hat gehabt drei sö-
ne/ vnnd vier töchter.

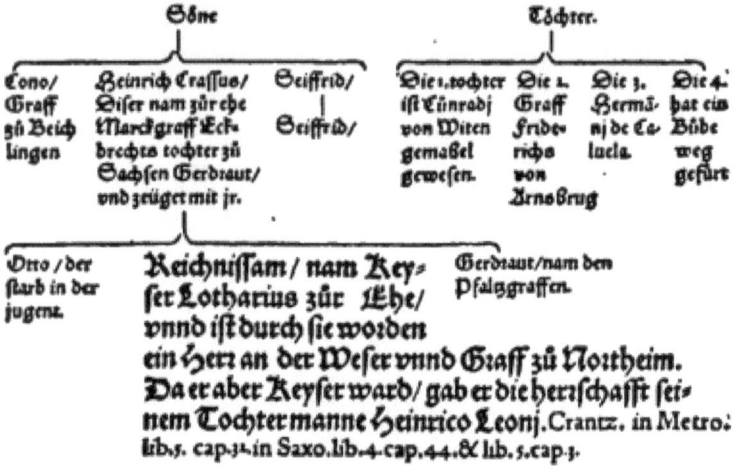

Söne			Töchter.			
Cono/ Graff zů Beich lingen	Heinrich Craſſus/ Diser nam zůr ehe Marckgraff Eck-brechts tochter zů Sachsen Gerdraut/ vnd zeüget mit jr.	Seiffrid/ | Seiffrid/	Die 1. tochter ist Cůnradj von Witen gemahel gewesen.	Die 2. Graff Friderichs von Arnsbrug	Die 3. Herm-nj de Ca-luela.	Die 4. hat ein Bůbe weg gefürt
Otto / der starb in der jugent.	Reichnissam/ nam Key-ser Lotharius zůr Ehe/ vnnd ist durch sie worden ein Herr an der Weser vnnd Graff zů Northeim. Da er aber Keyser ward/ gab er die herrschafft sei-nem Tochter manne Heinrico Leonj. Crantz. in Metro: lib.5. cap.31. in Saxo.lib.4.cap.44.& lib.5.cap.3.			Gerdraut/nam den Pfaltzgraffen.		

Das Wappen ist ein gantzer weisser Kürisser Reüther/ auff ei-
nem blancken hengst/ inn einem gelben felde/ inn der hand eine rote
Fane fürende.

Nortringen/
Eine Graffschafft inn Sachsen/ an dem
orhte da die Bode inn die Salah fleüst/ hat die Burg Nortrin-
gen gelegen/ da jetzt das Kloster Monchenewenburg ligt/ welch-
es Anno 977 dahin gestifftet von Gerone dem Ertzbischoff zů
Cöln/ vnnd seinem Brůder Tithmaro/ Marggraffen zů Meys-
sen vnd Laußnitz.

Anno 937 ist Philipps Graff zů Nortringen mit auff dem
Thurnier zů Magdeburg gewesen.

Tithmarus Graff zů Wettin/ hat zůr Ehe genommen/ Wil-
lam des Graffen Tochter von Nortringen. Chro. Misnens.

Anno 1039 hat Bischoff Burckhart zů Halberstatt/ diße
herrschafft ans Stifft bracht. Metrop.lib.4.cap.10.

Olden=

Oldenburg/ Es seind zwey Oldenburg/ derer gedacht würt inn den Sächsischen Historien.

1. Das erste/ hat für zeiten geheissen Stargart/ nach Wendisch er sprache/ vnd das ligt am ende des landes Wagriae. Keyser Otto hat die leüthe des orths zům Christen glauben bracht/ vnnd da ein Bisthumb angericht. Crantz. lib. 3. cap. ultimo, in sua Saxonia. hat es auch mit Gütern begabet/ welche denn erzelet Helmoldus im eylfften Bůch / aber es ist hernacher transferiert gehn Lübeck.

2. Das ander Oldenburg ligt bey der statt Bremen an Frieslande. Saxon. lib. 9. cap. 40. Vnnd das ist eine alte/ vnnd herrliche Grafschafft/ dauon wir hie reden wöllen. Vnnd sonder zweifel ist sie der ältesten Herrschafften eine. Denn Albertus Crantz saget inn Metrop. lib. 1. cap. 10. Das Widekind des herrn inn Sachsen Sön einer/ sol Graff zů Oldenburg gewesen sein/ Daher er auch spricht lib. 1. cap. 15. Certum est illum Comitatum esse ex omnium uetustissimum.

Anno 1100 hat Hertzog Otto an der Weser/ vnder andern Töchtern eine gehabt/ die hat zůr Ehe genommen Graff Otto von Rappenberg/ hat mit jhr gezeüget eine tochter Heilig/ die hat er vermählet Graffen Eilmaro von Oldenburg/ vnnd mit jhr gezeüget

Christian/	Otten/ein	Heinrichen.
Graff zů	Propst zů	
Oldenburg	Bremen	
	Saxo. lib. 5. cap. 15.	

Des obgenannten Eilmars Vatter hat auch Eilmar geheissen/ vnnd zůr Ehe gehabt Graff Dedonis Tochter in Diethmarschen. Metrop. lib. 1. cap. 17.

Graff Christians von Oldenburg gemahel hat geheissen Cunegund/ vnd mit jhr gezeüget

Mauricium.	Christianum.
Metorp. lib. 6. cap. 43.	
	Burckharden/der ist mit zwey hundert man erschlagen. Metrop. lib. 7. cap. 47.

Anno 1164 hat Heinricum den Lewen helffen bekriegen Graff Christian von Oldenburg Eilmarj son/ vnd hat jhm eingenommen/ mit hülffe der Friesen/ die statt Bremen/ welche jn den gerne auffnahm/ damit sie der grossen beschwerung des Lewens mochten loß werden. Saxo.lib.6.cap.10.

Hertzog Heinrich hat sich starck gerüst/ vnnd ist fůr Oldenburg gezogen/ inn diser belagerung stirbt Graff Christian/ die landsknechte inn der belagerung oder besatzung liessen sich nichts mercken/ waren vnuerzaget/ das auch der Lewe müste abzihen. Metrop.lib.6.cap.48.

Graff Heinrich hat zůr Ehe genommen des Graffen tochter auß Gellern/ vnd mit jhr gezeüget

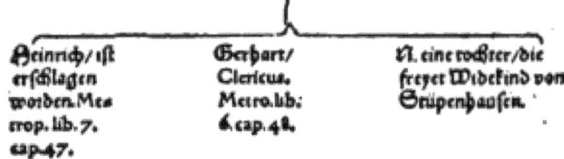

| Heinrich/ ist erschlagen worden. Metrop. lib. 7. cap.47. | Gerhart/ Clericus. Metro.lib. 6.cap.48. | N. eine tochter/ die freyet Widekind von Stüpenhausen. |

Anno 1323 hat Graff Dieterich von Oldenburg der obgenannten herrn eines Son gefreyet Graff Gerharts tochter von Holstein/ vnd mit jhr gezeüget

| Christian/ König inn Dennemarck. | Moritz/ diser ist administrator des Stiffts Bremen worden. Hertzog Wilhelm zů Lüneburg hat jn bekriegt. lib.9.cap.30. in Metrop. & Saxo. | Gerhart/ Graff zů Oldenburg. lib. 8.cap.16.in Saxo. |

Es hat diser Graff Moritz auch schwere vnnd grosse kriege gefůrt wider Graff Gottfriden von Arnsberg/ der wider jhn zům Bischoff zů Bremen erwöhlet warde/ vnangesehen/ das Mauricius vom vorigen Bischoff Otten zům Administrator erwöhlet war/ vnnd die Heüser des Stiffts albereith jnnen hatt/ aber hat wenig aufgericht. Metrop.lib.9.cap.40.

Cůnradus/

Cůnradus / Graff Christianj son vnnd fratruelis Graffen Mau=
ricij / wie jhn Crantz nennet inn prædicto loco, ist mit dem Graf=
fen von Dieffholt inn zwytracht kommen/der wegen haßhnen der
Graffe von Oldenburg die stat eingenommen. lib.9.cap. 40. in Saxo.
vnnd haben sich die Friesen auch auff gemacht/ seind inns Stifft
Bremen gefallen/ vnd Graffen Moritz/ Christian/ Gerhart/ Cůn=
rad mit 7 0 0 mann erlegt. Metrop.lib.10.cap.16. Anno 1 3 7 4.

Anno 1 4 0 0 hat gelebt Graff Dieterich von Oldenburg/wel
cher den Raht zů Bremen hat auffgenommen/ als er auß dem ge=
sencknuß/darein die gemeine jhn gesetzt/ entrunnen war. Saxo.lib.11.
cap.10. Diser Dieterich hat mit seinem gemahel bekommen das
Hertzogthumb Holstein. Saxo.lib.8.cap.16.

Anno 1 4 0 7 hat die statt Bremen abgesagt Graffen Christi=
an / Friderichen/ vnnd Moritzen von Oldenburg/ wie sie denn zů=
vor auch gethan hatten/aber die sach ist hingelegt worden.

Anno 1 4 6 2 ist ein schädlicher krieg entstanden zwischen
Graff Moritz/ vnnd Gerhart zweyen brüdern von Oldenburg/
von wegen der Herrschafft Delmenhorst. Graffen Gerharten
hat beygestanden sein brüder Christianus König in Dennmarck/
ist doch endtlichen vertragen. Saxo.lib.13.cap.1.& Metrop. lib.11.cap.44.
Das Moritz solt behalten die Herrschafft Delmenhorst/ Gerhart
aber Oldenburg/ Christianus soll König inn Dennmarck sein/
vnnd von disem Christiano kommen die jetzigen Könige in Denn=
marck.

Moritz hat einen Son gelassen/ mit namen Jacob. Metrop.lib.
12.cap.11.vnd eine tochter/ die hat der Bischoff/ als er Delmenhorst
eingenommen/ mit gewalt vom hause treiben lassen. Metrop. lib.
11.cap.12.

Graff Gerhart von Oldenburg hat viel kinder gelassen.

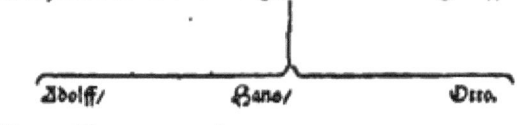

Adolff/   Hans/   Otto.

Metrop.lib.12.cap.11.

Pyrmont/ Eine Graffschafft inn Westphalen/ das geschlecht ist abgangen/ die Graffen von Spiegelberg haben sie bekommen/ Nůn aber die auch gestorben seind/ ist die gantze Graffschafft kommen an die Graffen von der Lippe. Vnnd ist der letzte Graff alda gewesen Mauricius/ der hat seinen Son lassen nennen Feürberch/ welchs denn nichts anders ist denn Pyrmont/ vnnd ist wol müglich dz dise Graffen auff Welschland oder Franckreich an dise orth kommen seind/ wie denn Albertus Crantz schreibet. Metrop. lib. cap. 25.

Peyne/ Eine sonderliche Graffschafft für zeiten im Stifft Hildesheim gelegen.

Anno 937 ist Graff Erich zů Peyne auff dem Thurnier zů Magdeburg gewesen.

Anno 1193 hat gelebt Graff Ludolph von Peyne/ Heinrich der Lawe hat jhm die Graffschafft genomen/ doch balde wider zůgestellet. Chro. Saxo.

Anno 1260 belegerten das hauß Peyna/ Hertzog Albrecht zů Braunschweig vnd Johannes Bischoff zů Hildesheim/ also hart/ das sie es auch gedachten auf zůhüngern/ vnnd weil der Graff sahe das er dem feinde zů schwach war/ vnnd auch keinen Männlichen Erben hatte/ fordert er den Bischoff zů Hildesheim zů sich inn ein gesprech/ vnd vbergab jhm heimlich seine Graffschafft/ die nach seinem todte zů haben/ solte derhalben den Hertzogen mit gůten worten von der belagerung abfüren/ das geschah/ der Hertzog ließ sich mit gůten worten vom Bischoff bereden/ aber so bald ers darnach erfür/ dz der Graffe die herrschafft hatte dem Bischoff vbergeben/ ward er zornig/ vnnd samlete volck/ vnd wolt wider für Peyna rucken. Mitler weile stirbt Bischoff Johannes/ da wöleten die stifftsgenossen als balde des Hertzogen brůder Ottonem von Braunschweig/ des war der Hertzog wol zůfriden. Aber Peyna wolt er nicht verlassen/ da zeücht der Bischoff zů seinem brůder Albrechten/ bitt jn freündlich/ er wolte doch die herrschafft dem Stiffte lassen/ die zeit seines lebens/ als denn möcht er sie zů seinen händen nemen/ dz erlanget er. Aber Bischoff Otto lebte vil lenger dann sein brůder Albrecht der Hertzog/ da belib also die herrschafft des Stiffts Hildesheim. Aber mitlerweile haben die Hertzogen von Braunschweig sie dem Stifft wider entzogen/ welche sie den noch haben. Chro. Saxo. Crantz in Saxo. lib. 8. cap. 28. & in Metrop. lib. 8. cap. 15.

Plesse/

Plesse/ Eine herrschafft bey Göttingen gelegen / da denn die Herrn noch heüte zů tage jhren sitz vnnd wohnung haben.

Anno 968 ist Heinrich Herr zů Plesse / mit auff dem Thurnier so zů Merseburg / von Marggraffen zů Meissen Ritrago gehalten / gewesen.

Anno 1431 ist gewesen Gottschalck / Herr zů Plesse.

Anno 1482 haben gelebt Gottschalck / Dieterich / vnnd Moritz herrn zů Plesse.

Sigmund hat zům andern gehabt zůr Ehe / Agnes võ der Lippe / vnnd verlassen

Christoff / des gemahel ist gewesen Margretha / Gräffin von Gleichen / Graff Hansen zů Rembda tochter.

Plotzke/ Eine herrschafft bey Berneburg gelegen / welche die herrn von Anhalt jetzunder besitzen / vor zeiten seind die Graffen diser herrschafft inn grossem ansehen gewesen / also das man sie zů Burggraffen zů Magdeburg gemacht hat.

Anno 1117 seind Burggraffen zů Magdeburg gewesen / Graff Helffrid vnnd Herman beyde Brüder / herrn zů Plotzke / seind des jars gestorben. Chro. Saxo.

Anno 1150 hat gelebt Graff Dieterich von Plotzke / hat gezeüget drey kinder.

| Cunrad / ist der letste Burggraff gewesen / ist auff dem weg noch Rhom mit einem Pfeyler erschossen worde. Brot.lib.1. cap.1.in Genral. | Heinrich / one erben. | Eringart / hat zůr Ehe bekommen / Marggraffen Ydo / vnnd jhm zůbracht dise Herrschafft. Aber die Burggraffschafte Magdeburg / vberkam Graff Burckhart zů |

Querfurt / der des Ertzbischoffs zů Magdeburg Brüder war.

Metrop.lib. 6. cap. 11.& Magde.Annal.

Hernach

Hernacher als die Familia der Marggraffen auf starb/vnd die
Marggraffschafft Albertus Visus bekam/hat er die herrschafft
Plotzke auch wider bekommen. Derhalben hat sich Heinricus
Guelffus/Anno 1139 dafür gemacht/das gewunnen/denn er
dem Anhaldischen geschlechte feind war. Chro.Saxo.

Anno 1171 hat Keyser Friderich/Graffen Bernhart/Albertj Visi son/die Graffschafft Plotzke wöllen wider nemen. Es ist
aber grosser krieg daruon entstanden. Chro.Saxo.

Es ligt auch vber der Elbe/gegen Schoneberg vber/ein Kloster Plotzig genannt/vnd mag gar wol sein das es dise herrn von
Plotzke/als sie daselbst Burggraffen gewesen/haben gestifftet.

Poppenburg/ Eine Graffschafft vor zeiten.

Anno 1320 hat das Stifft Hildesheym dise Herrschafft an
sich bracht. Chro.Saxo. hat 1319.

Anno 1264 hat ein Graff von Poppenburg zům Ehelichen
gemahel gehabt Frawē Orden/geborne Gräffin vō Hohenbůch/
derer Brůder gewesen Graff Heinrich vnnd Graff Vlrich/vnnd
Graff Hoiger Canonicus zů Hildesheim/vnnd jhrer schwester eine Mechtild ist Aptissen zů Gandersheim/die ander N. Herrn
Vlrichs zů Frideburg gemahel gewesen.

Anno 1388 haben die von Schwichelde vnd Steinberge/
Hertzog Bernt zů Braunschweig gefangen/vnd jhn auff die Poppenburg gefüret/alda gehalten/biß er sich mit vil tausent marck silbers lösen můste.

Querfurt/ Eine alte vnnd lobliche herrschafft/ligt vast
am ende des Sachsenlandes nach Mittage / eine gůte meyle vom
gesaltzenen sehe.

Ich wil der Herrn geschicht/vnnd Acta nicht erzehlen/inn betrachtung/das M. Cyriacus Spangenberg dauon inn seiner
Mansffeldischen Chronica würt weitleüfftig schreiben/sonder alleine eine blosse Genealogiam setzen. Vnnd ist dise.

Prozo

II.

Pregohar gelebt Anno 960/ vnnd zum gemahel gehabt Idam

Carl/ hat gelebt Anno 962.

Wilhelm.

Bruno/ Thumherr zu Magdeburg/ hernach ein Benedicter Mönch/ ist in Preussen von Heiden/ der er das Euangelion geprediget/ getödt Anno 1008.

Gebhart/ Edler Herr zu Querfurt

Dietrich/ hat viel Kinder gehabt/ vnd Kinder zu gelassen/ der namen vnbewust.

Mathilda/ Hertzog Conrads zu Kernten gemahel/ hat gelebt 1012. vnd ist gewesen Bischoff Brunen zu Würtzburg mutter.

Burckhart/ der Gottsälige genannt.

Dast Junge Berlin so mit einem Burckhart gebor worden/ vnd im Braunschwein vnder Querfurt getaufft/ derer namen vnbewust.

Gebhart/ ein gemahel Hedwig/ Graffen Dietrichs von Arneburg vnd Westerland/ nachgelassene Witfraw.

Gerdruid/ Graffen Florentz zu Holland/ darnach Graf ein Küpnechte zu Flandern gemahel.

Gebhart/ etliche nennen jn Gebhart/ sein gemahel Vda von Immenebern 1134.

Luder/ Lotharius/ hernach der Keyser/ sein gemahel Richinsa Graf fins Northeim

Conrad ein fürstinn Sachsen/ zog in bey Gelobt land Anno 1147.

Vda/ so Ita Graff Gebharts von Burg hausen gemahel

Rixa/ ein nes Graffen fen zu Elbue ue gemahel

Burckhart/ der erst Burggraff zu Magdeburg Anno 1136.

Sophia

Bertha

Heinrich

Gebhart/ Edler Herr zu Querfurt/ vnnd Syman. 1192.

B

Conrad/ Ertzbischoff zu Magdeburg Anno 1134.

Gebhart/ bleib un Bohemen 1116.

Burckhart/ Burggraff zu Magdeburg/ Anno 1157. sein gemahel Mechtild/ eine Graffen auß Thüringen/ Lamprecht genannt/ tochter.

Philip/ Braun/ vn. Barbara

I

B

Gebhart/ Edler Herr zů Querffurt des die Sachsen Chronica gedenckt 1238.

Gebhart
Thumb=
herr zů
Halber=
ftat 1167.

Buffo errobs=
ter Ertzbiſchoff
zů Magdeburg
1178.

Gebhart Burg=
graff zů Mag=
deburg/ Anno
1180.

Griffo/ Bi=
ſchoff zů Hil=
desheim 1180.

Gebhart/ 1307 ſein
gemahel Herr Lud=
wige von Bach-Born tochter.

Braun/ 1316.

Heinrich/
ſein gena=
bel Graf
ſen Heins
riche zů
Schwartz
burge
tochter/
1367. Anno
1398 lebte
ſie noch

Gebhart/
Anno
1316
ſein gema=
bel Graf
ſen Burchharts
zu Manßfelb

Herr
man

Ruprecht/
Thumb=
herr zů
Magde=
burg An=
no 1897

Braun/ Ed=
ler Herr zů Quer=
furt zů Quers
furt ſür Pagen
burg/ ſein
gemahel
Hildegund von Leuch=
renberg 1334.

Braun
Biſchoff
zů Zeitz
Anno
1385
1304.

A

Conrad/
Keyfer=
licher
Cantzler
Biſchoff
zů Lübeck no 1198.

Gebhart/
Burg=
graff zů
Magde=
burg An=
no 1198.

Burghart/ Burg
graff zů Magde=
burg/ zog mit K.
Friderich in Sy=
rien/ ſtarb zů In=
tiochia 1189.

Albert/
Graff
Adol=
phen zů Sch=
wenburg zů Sch=
wenburg
vnd Hol=
ſtein ge=
mahel

Gerhart/
iſt mit ſei=
nem Brus
der Geb=
hart 1199.
vnd mit K. Heinrich
in Syrien gezogen

Wilhelm
Propſt
zů Gores
lar.

Burckhart/ Edler Herr zů
Querfurt/ Burggraff zů
Magdeburg/ vnd Graff
zů Hardeck/ ſein gema=
hel Sophia Gräffin von Manßfeld.

Vda/ Graffen Eligere
zů Hohnſtein ge=
mahel.

Burckhart/ Edler Herr zů
Querfurt/ Graff zů Manß=
feld vnd Hardeck/ Burg=
graff zů Magdeburg re.
ſein erſt gemahel Mechnitz/
Gräffin von Schwartz=
burg/ die 2. Ermegart.

Sophia/
Graffen
Otten zů
Ottern
burg gema=
hel

Burckhart/ Herr zů
Querfurt/ Graff zů
Manßfeld/ Herr zů
Schraplaw/ ſein
Schraplaw/ Oda
Gräffin zů Ludaw/
von diſem kommen
die Herren von Schraplaw.

VI. Herrn
Albrechts
zů Bern=
ſteinge=
mahel

Die 3. Oda Gräffin von Reinſtein/
hat die Graffſchafft Manßfeld erb=
lich erkaufft Anno 1264.

Geb-
hart/
nicht
noch
1199.

Burckhart/Burggraff zu
Magdeburg Gs zu Manßs-
feld/sein gemahel Sophia
Gräffin von Werbin/hat
mit seinem Brüder geteis-
let vnd ist ein Mansfeld/
der ander zu Querfurt beleiben.

Starb Anno 1311. von jm kommen
die jetzige Graffen von Mansfeld.

Gebhart/Edler Herr
zu Querfurt/Burg-
graff zu Magdeburg
sein gemahel Francs
gard Gräffin von
Schwartzburg/er
starb Anno 1297.

Sophia
Zpaßin
zu Belliß-
te Anno
1291.

Burckhart/starb
1291 für seinem
Vater.

Gebhart/Thams
herr zu Magdeburg.

Bruno Eb-
ler Herr zu
Querfurt/
herr zu
Schman/
sein gema-
bel Mech-
nild 1313.
1377.

Geb-
hart/
Thum
propst
zu
Mag-
deburg
1313.

Geb-
hart/
Thum
Edler
Berr
zu Quer-
furt/sein
gemahel
Elisabeth. 1336.

Braun 1396.

Dobraßt/Scholaßis
cus zu Magdeburg
ward im Hildeß-
heimischen Kriege ers
schlagen Anno 1367.

Burckhart/Thumberr
zu Merseburg daselbst
poßuliruter/aber nicht
Confirmirter Bischoff
1364.

Hans/
1340.

Braun/
1379.

Gebhart/
sein gema-
bel So-
phia Gräf-
sin von
Mansf.
1364.
er starb
1365.

Geb-
bart/
1339.

Burck
bart/
1310.

Geb-
hart/
1315.

Burckhart/sein gemahel N. Fürst
Sigmunds zu Inhalt Tochter. 1396.

Gebhart/sein gema-
bel Mechnild 1381. 1400.

Heinrich/
1187. 1398. 1394.

Bruno/
1187. 1398. 1394.

Albrecht/
Erzbi-
schoff zu
Magde-
burg
1383.

Braun/sein
gemahel
Elisabeth/
Gräffin von
Hohnßein
1413.

Hans/
1419.

Inna/
eines
Graf-
fens zu
Reichlingen
gemahel.

Geb-
hart/
1431.

Busso/
1405.
1432.

Proßo/sein
gemahel Is-
anna 1405.
1433.

Agnes/
Herrn
Gebharts
zu Schwa-
rtzburg
gemahel
1431.

Mechnild/
sind beyde
Geyßlich ges
wesen zu Franckens
hausen.

1.

N.

Barbara/S. Ernsten zú Mansfeld gemahel starb 1514.

Agnes/Herrn Wenzel von Biberstein gemahel 1455. 1490.

N. Graff Friederiche zú Stollberg gemahel 1478.

Bartama/Graff Heinrichs zú Schwartzburg gemahr 1464. 1491.

Bruno/Sein gemahel Brigitta Gräffin von Stollberg. Er starb 1498.

Brigitta/geistlich zú Ilchna

Gebhart/geborn 1494. starb 1495.

Catharina/Posthuma Closterfraw zú Truos starb 1553.

Auffer diser Genealogia werden auch nachfolgender Herrn zú Querfurt gedacht. Als

Friederich/vnnd Ernst haben gelebt Anno 1119 (seind auff Churmern gewesen

Reinhart/der a Bischoff zú Merseburg.

Christoff/Edler Herr zú Querfurt.

Dise kommen etwan von Herrn Dietrich/oder der andern Herrn zú Querfurt einem her.

Item Lamrae die acht Epristin zú Gelsse. 1347.

Nochaldas die zwelffte Epristin zú Gelsse. Anno 1383.

Also auch

Buffo/ 1472.

Gerhart/ 1432.

Bernt/ 1466.

Oda/ Closterfraw zú Gelsse 1479.

Wes Kinder dise gewesen sind/ wirt nicht vermeldet.

Dnb

Vmb dise letste zeit finde ich.

Johannes/ des alten Herrn Braunen
vetter/ Ist Canonicus zů Halberstatt
gewesen 1486. 1494.

Agnes/ Graff Sigmunds von
Gleichen gemahel 1454. 1484.

Jutta/ Fürsten Sigmunds zů Anhalt gemahel / vieleicht Herrn Gebharts
vnd Mechtilden tochter/ so gelebt haben 1381 vnd 1400.

Das Querfurtische wappen seind Balcken/ so die Graffen zů
Mansfeld inn jhren wappen beneben den Wecken füren.

Rauenßburg/ Oder Rauensberg/ ein alte Grafschafft
inn Westphalen / gehört jetzunder inn das Hertzogthumb
Berge.

Hertzog Otto in Sachsen hat eine tochter die freyet Graff Her
man von Caluela/ vnd hat mit jr gezeüget

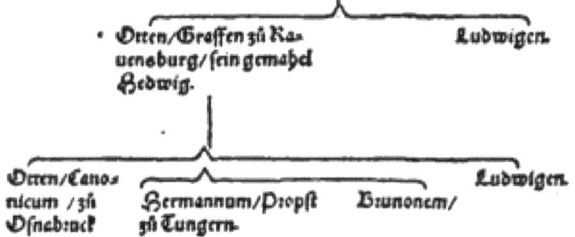

Otten/ Heinrichen/
Seind beyde Graffen zů Rauensburg worden.

Cranrz. in Saxo.lib. 5.cap. 15.

Vmbs sar 1180 hats Graff Herman von Rauensburg mit
dem Bischoff von Cöln gehalten/ wider Heinricü Leonem. Saxo.
lib.6.cap.39. Diser Herman hat gezeüget

Otten/Graffen zů Ra-
uensburg/ sein gemahel
Hedwig.

Ludwigen.

Otten/Cano-
nicum / zů
Osnabruck

Hermannum/Propst
zů Tungern.

Brunonem/

Ludwigen.

Anno 1282 ist diser Graff Ludwig von Rauensburg Bi-
schoff worden zů Osnabruck inn der ordnung der 33. Metrop.lib.
8.cap.52.

Anno 1207 kriegeten zůsamen Graff Simon von Tec-
lenburg vnnd Graff Herman von Rauensburg/ sie kamen zůsa-
men auff dem Felde/ da hielten sie eine schlacht mit einander/ inn

G ij

dē ſtreit blibe tod Graff Simon võ Tecklenburg/aber nichts deſte
weniger gewan ſein volck den ſtreit/ vnnd fingen Graff Herman
von Rauensburg vnnd ſeinen Son Ottonem/ Die ſich hernacher
löſen můſten. Chro.Saxo.

Anno 1401 iſt Wilhelmus Hertzog von Berge Biſchoff wor
den zů Badeborn/ des Bruder iſt geweſen Adolphus Graff vnnd
herr zů Rauensburg/ hat ſein hauß Rauensburg herrn Heinrichē
von Ore verſetzt/ dem wolte der Biſchoff Wilhemus ſolchs ab-
dringen/ aber es miſlunge jhm/wurde darüber gefangen.rc. Metro:
lib.ii.cap.io.

Anno 1510 ohngefehr hat Graff Philipps der älter von
Waldeck als ein ſtatthalter die herrſchafft Rauensburg verwaltē
můſſen/ ſein gemahel iſt geweſen Fraw Catharina von Querfurt.

Reinſtein/ Diſe herrſchafft iſt noch vorhanden/vnnd ligt
das alte Schloß bey Blanckenburg. da denn die Graffen jetzunder
jhr wohnung haben/ vnd auch ſich dauon ſchreiben herrn zů Blan
ckenburg.

Anno 1180 als Fridericus der Keyſer wider Heinricum Leo
nem zog/ fielen auf forcht zů jhm vil herrn vnnd Graffen/ die es
doch allzeit mit dem Hertzogen gehalten hatten/ auch von altera
her/vnder denen auch war der Graff von Regen/oder Reinſtein.
Saxo.lib.6.cap 41.

Anno 1242 hat Graff Vlrich võ Regenſtein helffen Mönche
newenbürg verbrennen. Ex Collect. Cœnobii.

Anno 1277 iſt Graff Vlrich auch mit andern herrn auff den
Biſchoff võ Magdeburg gezoge/ võ geſchlage worden. Ann. Mag.

Anno 1349 hat der Biſchoff von Halberſtat die Graffen võ Re
genſtein bekriegt/da iſt groſſer ſchade auff beiden teile auß erfolget/
wie es pflegt vnder feinden zůzügehn. Die Graffen ſterckten ſich
mit groſſer gewalt/ vnnd fielen des nachts zů Halberſtat/ da man
die Chriſtmette ſang/ ein/ vnnd erwürgeten wer ſich gegen ſie zůr
wehr ſtalte/ vnd namen herauf võ fürten dauon/wen ſie begerten.
Den Biſchoff verdroß ſolcher hohn vnnd ſchmach auch der ſcha-
den auß der maſſen ſehr/ Nun hatte der Biſchoff einen Haupt-
man vnnd gütten Kriegsman / welchem der Graff getra-
wet / wa er jhn ankeme/ wolt er jhn an einen Baum hencken/ vnd
er jhm geantwortet hatte. Quid ſi legem patiaris ipſe, quam tuliſti?

Der

Der ſagte dem Biſchoff zů/ allen můglichen fleiß für zů-
wenden damit ſolche ſchmach möchte gerochen werden. Es
verlaufft nicht ein gantz jar/da ſtoſſen beide theil auff einander/der
Graff vnnd Hauptman/ vnnd ſprechen einer den andern an auff
gůt hoffrecht/ Aber der Graffe wůrt gefangen/ vnnd alſo balde
ſůchte der Hauptman einen Baum/ daran er den Graffen hencken
mochte/ aber kund keinen finden. Da erſticht er den Graffen/
vnnd ſteckt inn die Erden einen Spieß/ daran bunde er den Graf-
ſen/ vnnd zog dauon. Crantz.lib.9.cap.18.Saxo.

Anno 1381 hat gelebt Graff Buſſo von Regenſtein. Saxo. lib.
e.cap. 6.

Diſer Buſſo hat auch Graff Dieterich von Wernigeroda an-
geklagt/ darauff iſt er von den andern Sächſiſchen Herrn zům
ſtrang verurteilet worden. cap.7. vide Vuernigrodenſes.

Anno 1417 Iſt Graff Bernhart von Regenſtein/ mit Für-
ſten Bernhart von Anhalt/ des Stiffts Merſeburg ſeind gewe
ſen/ wie es jhm aber gangen/ beſih der Merſeburger Chronica
Erneſti Brotauffs lib.1.cap.49. Es ſol auch diſer Graff Bernhart mit
dem Marggraffen zů Meiſſen auff dem Concilio zů Coſtnitz gewe
ſen ſein.

Auß den Hiſtorien hin vnnd wider/ finde ich die Graffen von
Reinſtein faſt alſo nach einander folgen.

Heinrich Graff zů Reinſtein hat gelebt Anno 1190 item 1209
vnd gelaſſen

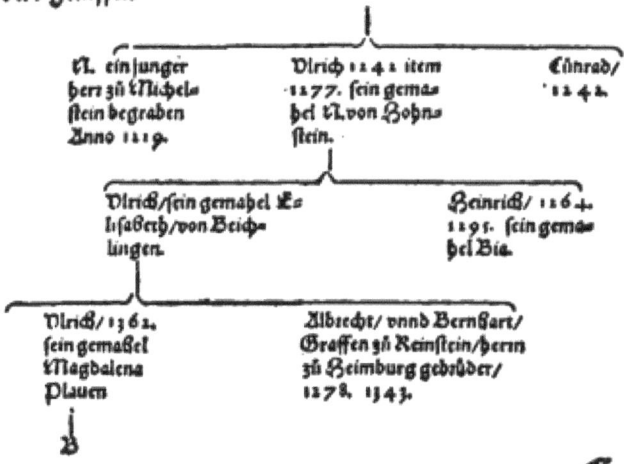

G iij

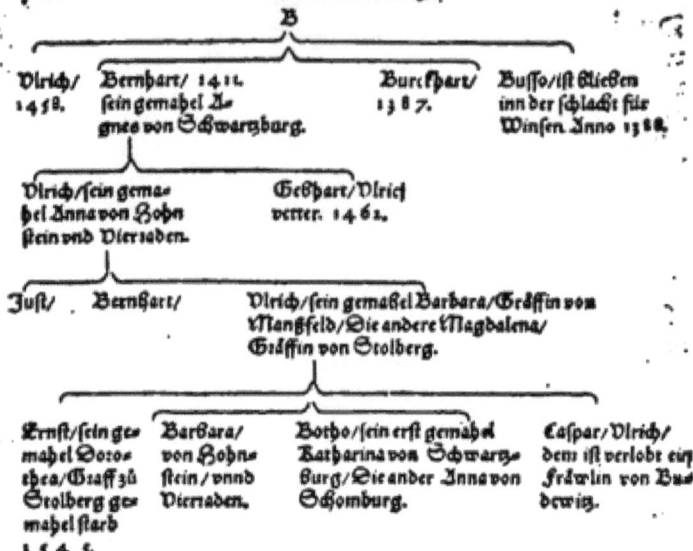

B

| Vlrich/ 1458. | Bernhart/ 1412. sein gemahel Agnes von Schwartzburg. | | Burckhart/ 1387. | Busso/ist blieben inn der schlacht für Winsen. Anno 1388. |

| Vlrich/sein gemahel Anna von Hohnstein vnd Vieraeden. | Gebhart/Vlrich vetter. 1462. |

| Just/ | Bernhart/ | Vlrich/sein gemahel Barbara/Gräffin von Mansfeld/Die andere Magdalena/Gräffin von Stolberg. |

| Ernst/sein gemahel Dorothea/Graff zů Stolberg gemahel starb 1545. | Barbara/von Hohnstein/vnnd Vieraeden. | Botho/sein erst gemahel Catharina von Schwartzburg/Die ander Inna von Schomburg. | Caspar/Vlrich/dem ist verlobt ein fräwlin von Badewitz. |

Diser Herrn mütter Fraw Magdalena geboren von Stolberg/ ist Anno 1546. als das Schloß Blanckenburg abgebrunnen am tage Elisabethe/ jämmerlich/ als sie mit zweien Zwillingen hoch schwanger vnd der geburt gar nahe gewesen/ verbrunnen.

Der Herrn zů Reinstein wappen seind Hirschhörner.

Retberg/ Eine Graffschafft inn Westphalen an die Graffschafft von der Lippe stossend.

Anno 1265 ist Bischoff zů Osnabruck worden Graff Cůnrad von Retberg inn der ordnung der 32. Metrop. lib. 8. cap. 18.

Anno 1274 ist Bischoff zů Badeborn worden Graff Otto von Retberg/hat inn die dreissig jar regieret/ist ein rechter kriegsmañ gewesen/ derwegen im Bißthumb groß vnruhe angericht. Metrop. lib. 8. cap. 32.

Anno 1282 ist Graff Tithmarus von Retberg mit vielen andern herrn/für Graff Simon von der Lippe bürg worde/ dem Bischoff zů Osnabruck/der jn iñ die sechß jar gefangen gehalten hatte. Metrop. lib. 8. cap. 52.

Anno

Anno 1330 vngefährlich ist Graff Otto von Retberg Bischoff zů Münster worden. Metrop. lib. 9. cap. 11.

Anno 1470 ist Bischoff zů Minden worden Graff Otto vō Retberg. lib. 11. cap. 31.

Anno 1385 ist Graff Otto von Retberg mit im Westphälischen bunde gewesen.

Margretha von Retberg ist Hertzog Friderichs zů Braunschweig (welcher Hertzog Wilhelms jetzigen hertzog Erichs groß vatters brůder war) ander gemahel gewesen.

Anno 1500 hat sich ein böser vnnd schädlicher krieg erhaben zwischen der stat Hildesheim vnd jrem Bischoff / vō wegen etlicher gerechtigkeit / die der Bischoff mehr / denn seine vorfahrn gehabt / haben wolte. Der stat fielen bey andere Sächsische stette / denn sie gedachten es möchte solch exempel einreissen / vnnd sie dermal eins auch betreffen / Dem Bischoff aber zog zů der Hertzog vō Braunschweig Heinricus hertzog Wilhelms son. Nun hatten die stette den Graffen von Retberg vmb den sold angenommen zům Obersten / den vmbringet der Hertzog mit seinem volcke im felde / vñ nimbt sie alle gefangen. Metrop. lib. 11. cap. 17 & in Saxo. lib. 11. cap. 36.

Vmb die selbige zeit ist Bischoff worden zů Osnabruck Graff Cůnrad von Retberg. Crantz lobt jhn sehr. lib. 11. cap. 11.

Reuenung / eine herrschafft vor zeiten gelegen am gesaltzenen sehe inn der herrschafft Mansfeld / heut zů tage heißt der orth Reblingen.

Als Norbertus Ertzbischoff zů Magdeburg war / welcher den Titel des Primats inn Germanien dem Bisthumb vom Keyser Lothario erlangete / hat gelebt Graff Otto von Reuenung / bey dē hat obgenannter Bischoff angehalten / vnd erlanget / das er stifftet das Kloster die Gotts gnad bey Calbe. Anno 1127. Annales Mag.

Der letste Graff zů Reuenung sol das Kloster zům Newenwerck für Halle gestifftet haben. Anno 1230.

M. Cyriacus Spangenberg würt sonder zweiffel hieuon auch weittern bericht thun inn seiner Chronica.

Also aber mögen sie nach einander gefolget sein.

Heſſo Graff zũ Rewenung.

Friderich.

Herman. 1.

Herman. 2. ward vom Keyſer Lothario von allem ſo er hat-
te/gejagt ſeiner Tyrannei halben.

Ringelheim/ Iſt auch der älteſten Graffſchafften eine/
wie Crantz ſagt in Metrop.lib.3.cap.15. zwiſchen Goßlar vnnd Bo-
kelheim an der Innerſte gelegen/ vnnd haben die erſten Graffen
daſelbſt jhre ankunfft/ von dem groſſen Könige Wedekind her.

Dieterich Graff zũ Ringelheim/ vmbs jar 6 5 0 hat eine toch-
ter gehabt Hildegart genannt.

Wigbertus / geborner Graff von Ringelheim iſt Biſchoff zũ
Verden geweſen Anno 8 0 9. Crantz.lib.1.Metrop.30.

Irmengard Gräffin zũ Ringelheim/ iſt Keyſers Ludovici ge-
mahel geweſen.

Dieterich/ Graff zũ Ringelheim hat gelebt Anno 9 3 0. ſeine
Kinder ſeind

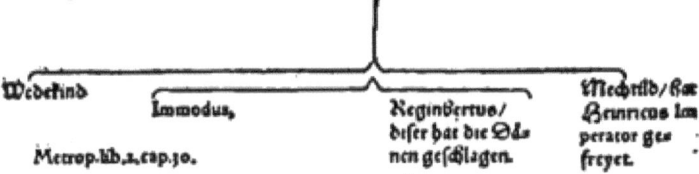

Wedekind   Immodus,   Reginbertus/   Mechtild/ hat
                        diſer hat die Sã-   Henricus Im-
Metrop.lib.1,cap.30.   nen geſchlagen.   perator ge-
                                            freyet.

Als nun diſe Söne Dieterichs alle ohne Erben abgiengen/ hat
Mechtild jhre ſchweſter / auf jhrem Vätterlichen Schloſſe ein
Kloſter geſtifftet / welches der 4 4 Biſchoff zũ Hildeſheim/
als es gar nahe verfallen war/ widerumb auffgerichtet/ vnd reich-
lich begnadet. Bruſ. in Epiſ.

So iſt nun die Mechtild eine Mütter Ottonis des groſſen / iſt
ein hertzlich/ Adelich/ vnd Chriſtlich Weyb geweſen/ hat 6. Klö-
ſter geſtifftet.   Das

1. Zũ Northauſen/ zũ S. Euſtachij Anno 9 3 7.

2. Zũ

2. Zů Quedelenburg Anno 934/ da denn auff dem Schloß inn der Capellen Keyſer Heinrich ihr gemahel begraben ligt.

3. Zů Ringelheim ein Junckfraw Kloſter Anno 932.

4. Zwey Klöſter hat ſie zů Pöle/ das auff dem Eyffelde ligt/ge
5. ſtifftet. Anno 933.

6. Zů Engen inn Weſtphalen/ hat ſie eine Canonei auffgericht/als der Thum ſo von Wedekindo da gebawt war/ wurde gen Vallerslöben transferiert von Heinrico dem Keyſer.

Schawenburg/ Eine reiche gewaltige herrſchafft/ das Schloß ligt auff einem hohen berge/ nicht weit von der ſchönen ſtat Rindelen an der Weſer/ vnnd hat den namen das es ſich weit leſt ſchawen/oder ſehen.

Anno 1030 hat Keyſer Cunradus der II. auff dem Reichstage zů Minden Adolphum vö Salingsleue einen Edlen Ritter zům Graffen auff Schawenburg gemacht/ von wegen der trewen dienſt/ſo er dem Keyſer geleiſtet.

Adolphus.

Adolphus/ Diſer iſt zům Graffen inn Holſtein/vñ Stormarn/ gemacht von Keyſer Lothario Anno 1115/ als Gottfrid von den Wenden ſchändlich erſchlagen ward.

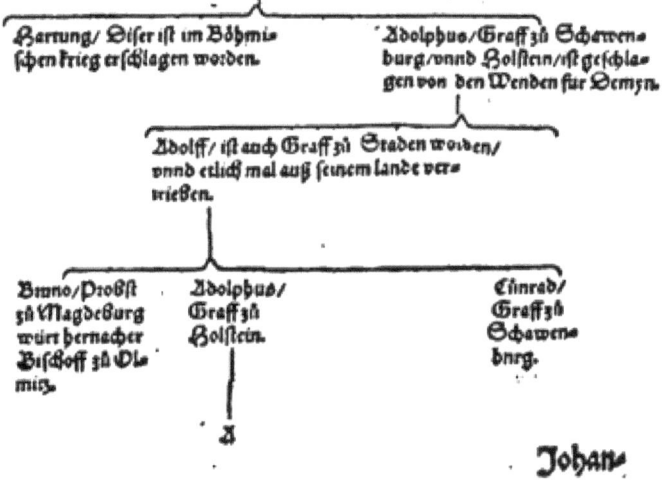

Johan»

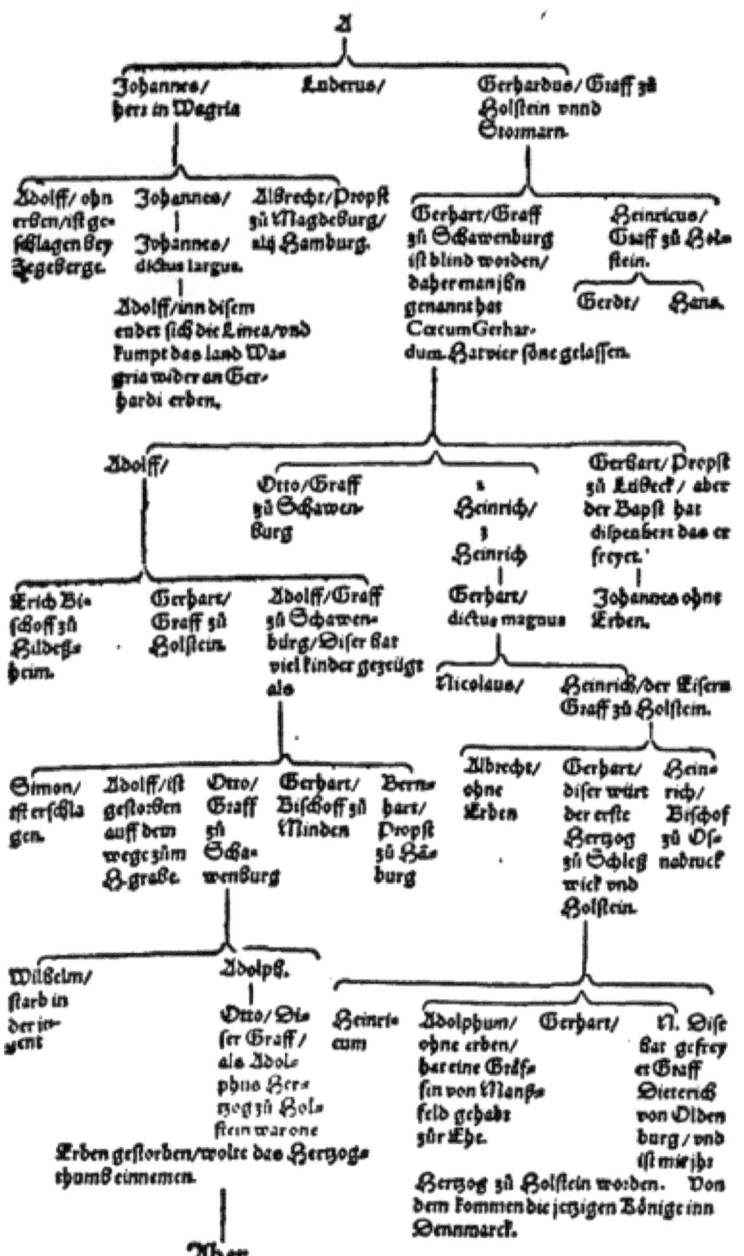

A

Johannes, herr in Wagria — Luderus, — Gerhardus, Graff zu Holstein vnnd Stormarn.

Adolff, ohn erben, ist geschlagen bey Zegeberge. — Johannes, / Johannes, dictus largus. / Adolff, inn disem endet sich die Linea, vnd kumpt das land Wagria wider an Gerhardi erben, — Albrecht, Probst zu Magdeburg, als Hamburg.

Gerhart, Graff zu Schawenburg ist blind worden, daher man jhn genannt hat Cæcum Gerhardum. Hat vier söne gelassen. — Heinricus, Graff zu Holstein. / Gerdt, Hans.

Adolff, — Otto, Graff zu Schawenburg — Heinrich, Heinrich, Gerhart, dictus magnus — Gerhart, Probst zu Lübeck, aber der Bapst hat dispensiert das er freyet. / Johannes ohne Erben.

Erich Bischoff zu Hildesheim. — Gerhart, Graff zu Holstein. — Adolff, Graff zu Schawenburg, Diser hat viel kinder gezeügt als

Nicolaus, — Heinrich, der Eisern Graff zu Holstein.

Simon, ist erschlagen. — Adolff, ist gestorben auff dem wege zum H. grabe. — Otto, Graff zu Schawenburg — Gerhart, Bischoff zu Minden — Bernhart, Probst zu Häburg

Albrecht, ohne Erben — Gerhart, diser würt der erste Hertzog zu Schleßwick vnd Holstein. — Heinrich, Bischof zu Osnabruck

Wilhelm, starb in der iugent — Adolph. / Otto, Diser Graff, als Adolphus Hertzog zu Holstein war one Erben gestorben, wolte das Hertzogthumb einnemen.

Aber

Heinricum — Adolphum, ohne erben, hat eine Gräfsin von Mansfeld gehabt zur Ehe. — Gerhart — N. Dise hat gefreyet Graff Dieterich von Oldenburg, vnd ist mit jhr Hertzog zu Holstein worden. Von dem kommen die jetzigen Könige inn Dennmarck.

Aber Graff Dieterichs son von Oldenburg/Chriſtianus/nůn
erwöhlter König zů Dennmarck/legete jn mit gelt ab/ vnnd nam
das Hertzogthumb zů ſich/welches ſie denn noch haben. Diſes
Ottonis kinder ſeind

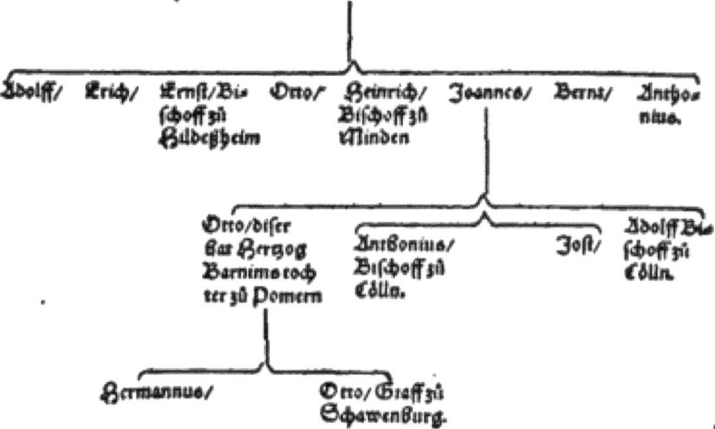

Diſe Genealogiam der herrn võ Schawenburg/hab ich gezogẽ
auffs allerfleiſſigſte/ auß Alberto Cranzio/ ſonderlich lib. 8. cap. 16.
Saxo. Darnacher auß Munſtero/ vnnd Johan Peterſen/ darin=
nen man denn auch jhre geſchicht vnd thaten leſen mag.

Sladem/ Eine Graffſchafft / ligt im Stifft Hildeſ=
heim.

Anno 1231 hat gelebt Graff Ludolph von Sladem/ iſt ge=
weſt erſtlich der 13 Apt zů Jlenburg/ darnach der 23 Biſchoff zů
Halberſtatt. Metrop. lib. 7. cap. 46.

Anno 1242 iſt Heinrich von Sladem mit im einfall zů Mün=
chenewenburg geweſen.

Anno 1259 iſt Ludolph von Sladem/gar ein junger herr/
Biſchoff worden zů Halberſtatt/ hat kaum zwey jar regiert. lib. 8.
cap. 11.

Anno 1345 Heinrich ein Hertzog võ Braunſchweig õ 35 Biſchoff
zů Hildeſ=

zů Hildesheim hat dise Graffschafft aus Stifft bracht/ sampt dē hauß Sladem. Chro. Saxo.

Anno 1471 hat dise Burg Sladem jnnen gehabt Clauenbarth von Velchem/ dem ist sie abgewonnen. Chro. Saxo.

Das wappen ist ein Lew mit einer kronen.

Schrapla/ Eine herrschafft nicht weit von Eißleben der statt gelegen/ Die Graffen von Manßfeld haben sie jetzunder.

Anno 1206 hat sie Bischoff Ludolff zů Magdeburg zům Stifft kaufft/ sampt dem hausse Bornstett. Chro. Saxo.

Anno 1368 hat sie Bischoff Albrecht von Sternberg widerumb versetzt für 1000 schock gülden den herrn von Schrapla. Chro. Saxo.

Dann es seind mitler weil noch jnser Graffen von Schrapla gewesen/ wie denn Anno 1316/ zwen herrn von Schrapla seind Bischoffe worden/ einer Gerhardus zů Merseburg/ der ander Burckhardus zů Magdeburg/ dem zwar sein Bißthumb vbel ist bekommen. Dann er mit einem Rigel/ so man die zwerch für die thůr leget/ wie der Magdeburger Annales sagen/ oder mit Keülen/ wie Crantz sagt jnn Metrop. lib. 9 cap. 4. ist zů tod geschlagen/ von den Burgern des Stiffts/ von wegen/ das er jhnen etliche Freyheiten/ solt haben entzogen/ vnnd ist diser mordt geschehen Anno 1324/ ist wol ein gantzjar verborgen gehalten worden/ aber doch entlichen auffkommen. Metrop. lib. 9. cap. 4.

Wil alhier abermal den frommen leser vertröst haben/ auff M. Cyriaci Spangenbergs Chronica.

Schwalenberg/ Vorzeiten eine sonderliche herrschafft jnn Westphalen.

Anno 1180 hat gelebt Graff Wedekindus von Schwalenberg hat bey dem Bischoff von Cöln gestanden/ wider Heinricum den Lewen/ als sie der Landtschafft halben mit einander kriegten/ in Saxo. lib 6. cap. 39. Es ist auch diser Wedekindus mit Keyser Friderich Barbarossa Anno 1189 inns Gelobde land gezogen/ vnnd seine Landschafft dem Bischoff zů Badeborn Seiffrido befohlen. Metrop. lib. 7. cap. 23.

Als Graff Friderich von Jsenberg dē Bischoff zů Cölln Engelbertum

bertum hat schåndlichen ermordet/wurde der Graff von Schwa
lenberg auch berüchtiget/ als hette er es mit obgenanntem Grafen
gehalten/vnd jhm beyſtand geleiſtet/ aber er hat ſich noch entſchul
biget. Metrop.lib.7.cap.43.

Anno 1277 iſt Graff Günther von Schwalenberg zům Bi
ſchoff zů Magdeburg erwelet/ aber er bliebe nur ein jar daran/deñ
es gefiel jhm nicht die groſſe zwietrache im Biſthumb. Metrop. lib.8.
cap.3.

Iſt hernach zům Biſchoff zů Badeborn auch erfordert/aber da
ſie inn der wahl auch nit eins waren/ hat er es auch verlaſſen.
cap.47.

Anno 1321 hat Graff Günther von Schwalenberge neben
andern herrn der Römiſchen kirchen gehuldet. Metrop. lib.9.cap.6.

Heüt zů tage haben diſe herrſchafft die Graffen von der Lippa/
rñ fůren auch das wappen daruon/derhalben etliche beyde Graff-
ſchafften für eine halten.

Seeburg / Vor zeiten eine herrſchafft/ das Schloß ligt an
der ſee vnder Eiſleben/ vnd iſt noch ein fein ampt/den herren von
Manßfeld zůſtendig.

Es ſoll diſe herrſchafft ihren anfang bekommen haben/vnd das
hauß auch gebawet ſein zůr zeit Cůradj des III. vnd Friderici des I.
die denn Schwaben geweſen ſeind. Denn als ſie hie inn Sach
ſen viel zůthůn hatté/brachten ſie einen groſſen herrn mit auf Bey-
ern Gero genannt/ dem gaben ſie den orth des landes/ vnd mach-
ten jn zům Graffen/ vnd herrn zů Seeburg. Er hät auch Bey-
ernewenburg gebawet/hat zůr Ehe gehabt Mechtild / Marg-
graff Cůnradj ſchweſter zů Meiſſen/ der den Petersberg ſtifftet.

Auf diſen åltern iſt geborn Weichmannus/welchen Friderich 8
Keyſer zům Ertzbiſchoff zů Magdeburg machte/ vnnd weil diſer
Weichman der einige Erbe war ſeiner åltern/ brachte er auch alle
gůter inn das Stifft zů Magdeburg.

Er gab auch Keyſer Friderichen für das hauß vñ ampt Frec-
leben ſeines vatters hauß Schonburg genannt/darauſſen im lan-
de gelegen. Anno 1193. Annales Magde.

ħ

Solms/ Eine Grafffchafft inn Westphalen/ vnnd seind die Graffen auch herrn zů Ottenstein gewesen.

Anno 937 ist Graff Wilhelm von Solms mit auff dem Thurnier zů Magdeburg gewesen.

Der Bischoff zů Münster hat die Graffen von Solms auß der herrschafft getrieben/ vnnd das schloß Ottenstein gantz zůrissen. Anno 1407. in Saxo.lib.10.cap.15.

Graff Heinrich von Solms hat vil bey dē Keyser Sigismundo angehalten/das er mochte widerumb zů seinen gůttern komen/ welches er wol erlanget/aber der auffbawung des hauses Ottenstein kund er nicht widerumb gewert werden. Derwegen hat er seine gůter dem Graffen zů Benthem zůr mitgifft seiner tochter gebē/ vnd ist auß dem lande Westphalen an den Meyn gezogen. Hamel. in descript.Vuestph.

Brussius schreibet inn seiner Epitome von den Bischoffen/ das Anno 1285 soll Graff Arnold von Solms der 19 Bischoff zů Bamberg worden sein.

Anno 1390 hat Graff Diethart von Solms vil zwiespalt mit der stat Wetzflar gehabt.

Anno 1487 haben gelebt Otto/Bernhart/Philipp/ Graffen zů Solms/seind auch alle drey auff dem Thurnier zů Wormbs gewesen.

Cuno/ Graff zů Solms vnnd herr zů Müntzenberg.

Philipp/sein gemahel Hadriana Graffen Philipps zů Hanaw tochter/beylager ist gewesen Anno 1489.

Wal-burg/geborn 1490.	Reinshart/ 1491. sein gemahel eine Gräfin von Salm.	Dorothea/ Graffen Ernsten zů Mansfeld gemahel. 1492.	Anna/ 1494	Elisabeth/ 1495.	Otto/ 1496.	Cuno/ 1497.	Ursula/ 1498.	Joannes/ 1499.	Apollonia/ 1502.	Maria/ 1504.	Catharina/ 1507.

Ernst/

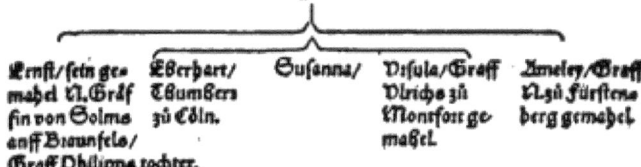

Ernst/ sein ge=	Eberhart/	Susanna/	Ursula/ Graff	Ameley/ Graff
mahel U. Gräf	Thumbherr		Ulrich zů	Ulz zů Fürsten=
fin von Solms	zů Cöln.		Montfort ge=	berg gemahel.
auff Braunfels/			mahel	
Graff Philips tochter.				

Solcau/ Sol vor zeitē auch eine herrschafft gewesen sein/ Herman Billingi Son/ welchen der Keyser Otto zů einem Hertzo= gen zů Sachsen machte/ ist nicht weit dauon bürtig gewesen/ sagt Chron.Saxo. **Anno 968.**

Willicke aliás Billing de Stubeckeshorn.

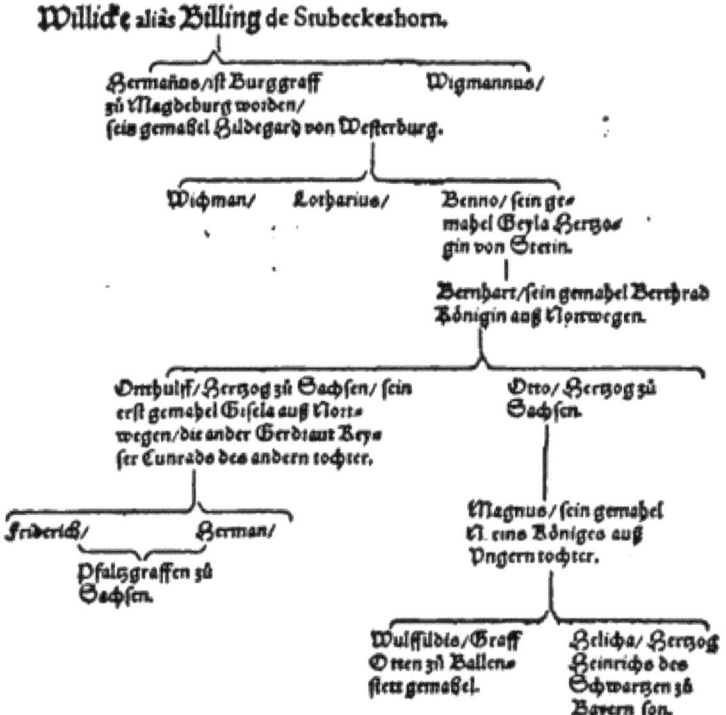

Hermañus/ ist Burggraff zů Magdeburg worden/ sein gemahel Hildegard von Westerburg.

Wigmannus/

Wichman/ Lotharius/ Benno/ sein ge= mahel Geyla Hertzo= gin von Stetin.

Bernhart/ sein gemahel Berthrad Königin auß Norwegen.

Ordulff/ Hertzog zů Sachsen/ sein erst gemahel Gisela auß Nort= wegen/ die ander Gerdraut Key= ser Cunrads des andern tochter.

Otto/ Hertzog zů Sachsen.

Friderich/ Herman/

Pfaltzgraffen zů Sachsen.

Magnus/ sein gemahel U. eins Königes auß Ungern tochter.

Wulffildis/ Graff Otten zů Ballen= stett gemahel.

Helicha/ Hertzog Heinrichs des Schwartzen zů Bayern son.

Also ist diser stamm abgestorben/ unnd die Welphen succedirt.

Sommerseburg/ Eine Graffschafft im Stifft Magde= burg/ unnd nicht der geringsten eine/ denn die herrn offt Pfaltz= graffen genannt werden.

h ij

Erkenbaldus / Graff zů Sommersenburg/ Ertzbischoff zů
Mentz. Anno 1020.

Anno 1024 hat gelebet Berwald / ein erleüchter herr/ist Bi-
schoff zů Hildesheim worden / inn der ordenung der 13/hat wol
hauß gehalten/vnnd in die dreissig jar regiert. S. Benno der her-
nacher Bischoff zů Meissen worden ist/ hat jhm inn seiner jugendt
ein Epitaphium gemacht / also lautende.

Hac tumuli fossa clauduntur Præsulis ossa
    Bernuualdi miri, magnificique uiri.
Qui propter stemma radians uelut inclyta gemma
    Magna fuit patriæ gloria lausque suæ.
Nam fuit Ecclesiæ condignus Episcopus ille
    Quem DEVS Emanuel diligit & Micaël.
Tandem bissenis undeno mense calendis
    Felix hanc uitam mutat in angelicam.

Das ist.

Hie ligen Bischoff Bernwalds bein
    Welches leben war edel vnnd rein.
Gewest ein Ehr sein Vatterland
    All Erbarkeit mann bey jhm fand.
Darumb liebt jhn Gott Emanuel
    Des Teüffels herr / vnnd Michael.
Als er verbracht sein lebens zeit/
    Verschied er wol on alles leidt. Brus.in epitome de Episco-

Anno 1164 ist Pfaltzgraff Albrecht von der Somerseburg
mit andern herrn auff Heinricum den Lewen gezogen. Saxo.lib.6.
cap.10.

Anno 1172 wie Crätz schreibt lib.6.cap.17.in sua Saxo ist Pfaltzgraff
Albrecht zů Somerseburg gestorben. Als er nůn keinen mänlichen
Erben hinder sich verlassen/hat seine schwester Adelheit Eptissin
zů Quedelenburg/ dise herrschafft zů jhren händen genommen/vnd
Bischoff Weichman zů Magdeburg verkaufft/ Das wolt Hein-
ricus Leo nicht gestehen/ derwegen wurde eine grosse sehde dar-
auf/ also das Leo für die Burg zog/ vnnd sie zeriß. Aber als von
Keyser Friderico Leonis güter wurden den Fürsten inn die Rap-
päuse geworffen/ ist dise herrschafft dem Stifft beliben/ vnnd hat
Bischoff Ludolph der feiste/ die Burg wider auff bawen lassen.
Chron. Saxo.& Crantz.in prædicto loco.

Das Wap-

Das Wappen seind zehen balcken die zwerg geleget im Schilte.

Spiegelberg/ Eine Graffschafft inn Westphalen.

Anno. 996 ist Wernher Graff zů Spiegelberg/auff dē Thur nier zů Braunschweig gewesen.

Anno 1434 haben Hertzog Otto vnnd Friderich von Lüne- burg/Heinrich vnnd Wilhelm von Braunschweig/ vnd Hertzog Otto an den Leyna/ den Graffen von Spiegelberg mit krieg ange- griffen/ darumb das er für einen offentlichen Strassenreüber von jedermenniglichen gehalten ward/ vnnd ob nůn gleich der Graffe hůlffe hatte von Fürsten vnd Herrn/ ist er doch endlichen für der stat Rentelen/ da er sie stürmet/ mit einem Pfeyl getroffen/ das er sterben müste. lib. 11. cap. 14. Saxo.

Bischoff Wilhelm zů Badeborn/ hat die Graffen zů Spiegel- berg auch geschlagen. Metrop. lib. 11. cap. 16.

Item es ist erschlagen der Graff von Spiegelberg im kriege für Gründe/ den die Stiffts genossen von Hildesheim fürten wider Hertzog Wilhelm von Braunschweig. Metrop. lib. 11. cap. 17.

Philippus ist der letste Graff gewesen/ hat eine schwester hinß sich verlassen Vrsula/ die hat gefreyet Graff Herman Simon von der Lippe/ vnnd ist durch sie ein herr zů Spiegelberg vnnd Pyr- mont worden.

Staden/ Eine alte stat iñ Sachsen/ am arme des Meers

gelegen/ ist vor zeiten eine Graffschafft gewesen/ Keyser Carolus der grof/ hat sie der Kirchen zů Bremen vndergeben. Aber weil sie die Kirche daselbst nicht hat für den wüsten Wenden verthädi- gen können/ haben die herrn von Sachsen sie zů jhren händen ge- nommen/ damit die Elbe daselbst für den Wenden verschlossen würde / biß Henricus Auceps der Sachse ist Keyser worden Da hat er einen Kriegs hauptman dahin gesetzt/ Johannes genannt/ vnnd jhn zům Graffen zů Staden vnnd Hertzfeld gemacht/ sein Son ist

Heinrich der kale.

Heinrich ist erst ein Thumherz gewesen / aber da seine Brüder alle sturben / müste er ein Weyb nemen / vnd hat gezeügt

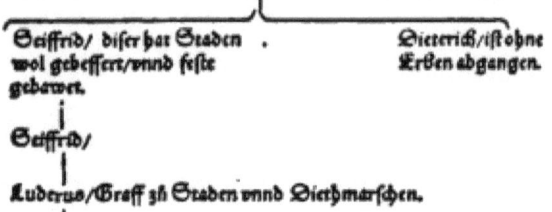

Seiffrid / diser hat Staden wol gebessert / vnnd feste gebawet.

Dieterich / ist ohne Erben abgangen.

Seiffrid /

Luderus / Graff zů Staden vnnd Diethmarschen.

Vdo Marggraff / vnnd hat die herzschafft Staden von der Kirchen zů Bremen inn die lehen genommen.

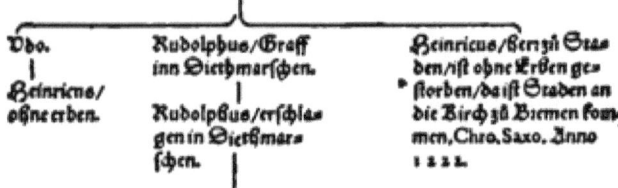

Vdo.

Heinricus / ohne erben.

Rudolphus / Graff inn Diethmarschen.

Rudolphus / erschlagen in Diethmarschen.

Heinricus / herz zů Staden / ist ohne Erben gestorben / da ist Staden an die Kirch zů Bremen kommen, Chro. Saxo. Anno 1222.

Hartwich / Probst zů Bremen der hat seine Herzschafft der Kirchen zů Bremen geschenckt / vnnd dafür die Herzschafft Staden bekommen / Aber nach seinem tode ist sie der Kirchen zů Bremen beliben.

Dise Genealogiam hab ich auß Alberto Crantzio gezogen / auß seiner Saxonia lib.6. cap.5. vnnd 6. Aber Johan Petersen in seiner Holsteinischen Chronica erzelt die namen ein wenig anders / wie drobẽ zů sehen ist / inn der Graffschafft Diethmarschen / vnd wie es disen herzen ergangen ist / was sie auch für thaten gethan / kan man auch nach aller lenge inn beyden scribenten lesen.

Stenfort / Eine sondere Graffschafft vor zeiten / gelegen im Stifft Münster / an der Vechte.

Anno 996 ist Graff Reinhart von Stenfort auff dem Thurnier zů Braunschweig gewesen.

Anno 1280 ist Graff Balduinus von Stenfort bürge worden / neben andern vilen herzn für Graff Simon von der Lippe / welchen der Bischoff zů Osnabruck / Ludouicus gefangen hatte.

Metrop. lib.8. cap.51.

Anno

Anno 1 3 4 6 ist Graff Balduinus von Stenfort Bischoff gewesen zů Padeborn. Metrop. lib.9.cap. 26.

Auch hat Graff Balduinus von Stenfort seine herrschafft võ Bischoff zů Osnabruck inn die Lehen genommen. Metrop. lib. 10. cap.31.

Anno 1 3 8 5 ist Graff Balduinus von Stenfort/mit im West phalischen bunde gewesen.

Anno 1 3 9 4 hat der Balduinus/Bischoff Otten zů Münster gefangen vnd vbel gehalten/ Darüber Bischoff Johan von Osna bruck/beneben dem Graffen von der Hoie vnnd Lippe/für Sten fort gezogen vnd den Bischoff wider loß gemacht.

Jetzunder haben die Graffen von Benthem das hauß Sten fort.

Sternberg/ Eine Grafffchafft inn Westphalen.

Anno 1 3 6 7 ist Graff Cůnradus vom Sternberge Ertzbischoff zů Magdeburg worden. Metrop.lib.8.cap.33.

Auch ist Graff Simon vom Sternberge Bischoff zů Pade born worden. Metrop.lib.10.cap.22.

Stolberg/ Eine Grafffchafft im Hartze/ist noch heüt zů tage vorhanden.

Anno 530 sol die Grafffchafft Stolberg angefangen habẽ/wie die Thüringische Chronica vermeldet. Ob nůn wol George Rixe ner von der zeit an/eine lange Genealogiam gestellet/ befindet sich doch/das es keinen grund hat/vnd derwegen darauff nicht zů ba wen/ sonderlich weil er etliche Bischoffe erzelet/ die man inn der Stiffte Register nicht findet / auch etliche ordens Personen weit ehe setzet/den dieselben Orden angefangen/wöllen derwegen derer Graffen zů Stolberg namẽ/ so in warhafften Historien vnd brieff lichen vrkunden biß her befunden/nach einander setzen.

Ludwig/ Graff vnd herr zů Stolberg. Anno 1200.

Ludwig/der Jünger. 1230.	Heinrich/ist Anno 1222. In Vngern/ Anno 1227 in Syrien mit Landgraff Ludwigẽ gewesen.
a	b

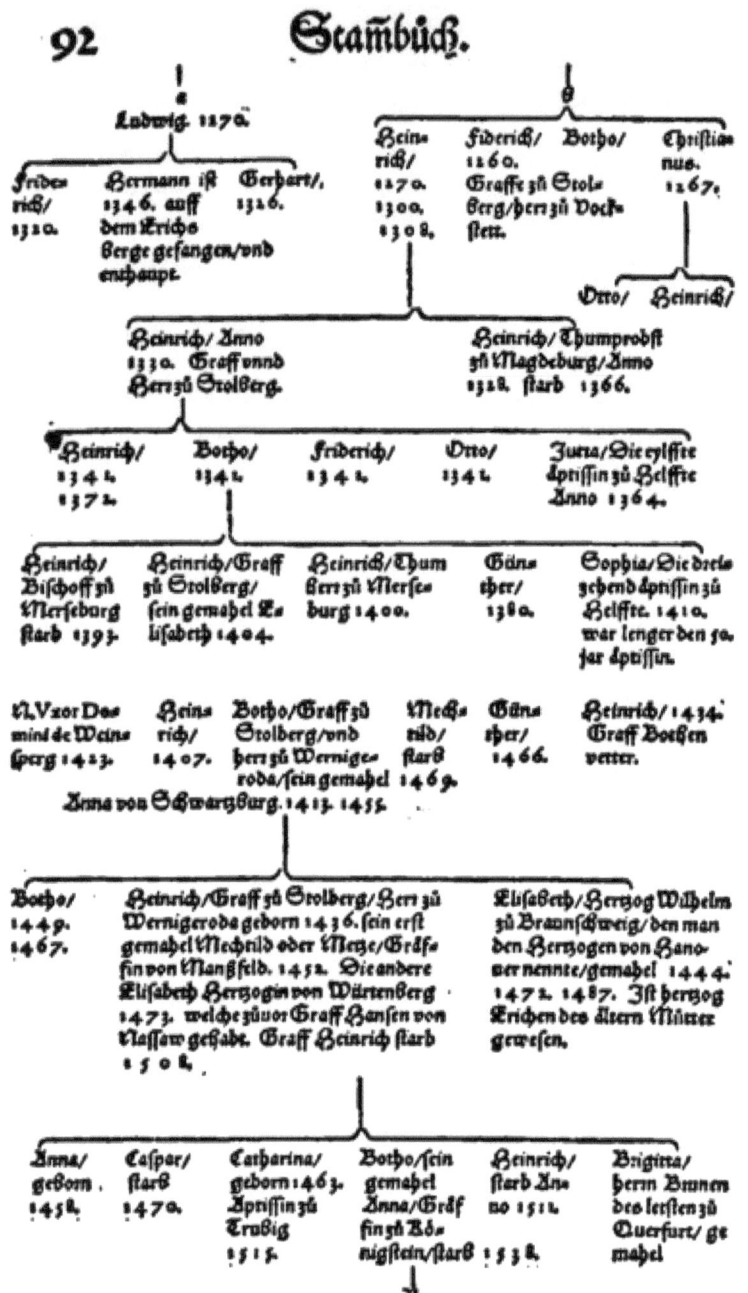

Ludwig. 1170.

Frideᵗrich/ 1320.

Hermann ist 1346. auff dem Erichs berge gefangen/vnd enthaupt.

Gerhart/. 1316.

Hein=rich/ 1170. 1300. 1308.

Fiderich/ 1260. Graffe zů Stol=berg/herꝛ zů Vock=stett.

Botho/

Christia=nus. 1267.

Otto/   Heinrich/

Heinrich/ Anno 1330. Graff vnnd Herꝛ zů Stolberg.

Heinrich/ Thumprobst zů Magdeburg/Anno 1328. starb 1366.

Heinrich/ 1344. 1372.

Botho/ 1344.

Friderich/ 1344.

Otto/ 1344.

Jutta/Die eylffte Aptissin zů Helffte Anno 1364.

Heinrich/ Bischoff zů Merseburg starb 1393.

Heinrich/Graff zů Stolberg/ sein gemahel La=lisabeth 1404.

Heinrich/Thum herꝛ zů Merse=burg 1400.

Gůn=ther/ 1380.

Sophia/Die drei=zehend Aptissin zů Helffte. 1410. war lenger den 30. jar Aptissin.

M.V zor Do= mind de Wein=sperg 1423.

Hein=rich/ 1407.

Botho/Graff zů Stolberg/vnd herꝛ zů Wernige=roda/sein gemahel Anna von Schwartzburg. 1413. 1455.

Mech=tild/ starb 1469.

Gůn=ther/ 1466.

Heinrich/ 1434. Graff Boꝛthen vetter.

Botho/ 1449. 1467.

Heinrich/Graff zů Stolberg/ Herꝛ zů Wernigeroda geborn 1436. sein erst gemahel Mechtild oder Merꞇe/Graͤ= fin von Mansfeld. 1452. Die andere Elisabeth Hertzogin von Wůrtenberg 1473. welche zůvor Graff Hansen von Nassaw gehabt. Graff Heinrich starb 1508.

Elisabeth/Hertzog Wilhelm zů Braunschweig/den man den Hertzogen von Hano=ver nennete/gemahel 1444. 1472. 1487. Ist hertzog Erichen des Altern Mütter gewesen.

Anna/ geborn 1458.

Caspar/ starb 1470.

Catharina/ geborn 1463. Aptissin zů Trubig 1515.

Botho/sein gemahel Anna/Graͤf fin zů Kö= nigstein/starb 1538.

Heinrich/ starb An= no 1512.

Brigitta/ herꝛn Brunen des letsten zů Querfurt/ ge= mahel

B

Wolffgang/

B

| Wolff-gang/ tho. geborn 1501. feiner erft gemahel Dorothea Gräffin von Rein-ftein 1541. Die 2. N. N. Er ftarb 1552. | Bo-tho. na. | An-na. | Lud-wig/ fein gema hel Wal-purg zů Gülf fin von Weda 1528. | Juli ana/ Graf fen Phi-lips zů Ba-naw gema hel/ | Ma-ria/ Graf fen Cū nen os d Cō-rad/ zů We-fterburg gemahel 1523. | Rein-rich/ Thūm probft zů Cöln/fein gemahel N.Gräffin von Gleich. | Phi-lip. | Mag-dalena Graf Vlrichs zů Rein-ftein gemahel 1529. | Eber-hart/ ftarb 1526 | Ratha rina/ Graf fen Al-brechts zů Bennen-berg gemahel 1537. | Al-brecht Georg ge. | Chri-ftoff/ Thūm probft zů Hal berftat |

darnach Graff Wilhelmen zů Naffaw.1534.

Jr Wappen ift ein gantzer Hirfch mit feinem geweyde.

Stormar/ Eine herrfchafft inn Nortalbingia/ hat dē na men von dem Waffer die Stor fo durchs land zů Holftein fleüft/ ift vor zeiten auch eine fondere Grafffchafft geweft/ Hamburg die ftat hat darein gehört.

Dicthmarus / Hertzog Bennonis fon zů Sachfen/ vom ge-fchlecht Hermañ/ ift Graff zů Stormarn gewefen. Saxoni.lib. 4. cap.13.

Anno 1116 hat Keyfer Lotharius / Adolpho Graffen zů Schawenburg dife herrfchafft Stormarn gelihen/ als Gottfrid erfchlagen ward. Helmol.cap.36.Metrop.lib.6.cap.5.

Stromberg/ Eine Herrfchafft inn Weftphalen/ ift vn-der dem Keyfer Carolo dem IIII dem Bifchoff zů Münfter zůge-ftalt worden/ als der Graff auß etlichen vrfachen/ vom Keyfer ward inn die acht erkleret. Hamel.

Supplinburg/ Gebhart / Keyfer Lotharij vatter ift ein Graff zů Supplinburg gewefen. Metrop.lib.6.cap.10.

Wo aber dife Grafffchafft gelegen ift/ kan ich eigentlich nicht wiffen . Vil haltens dafür / das es fey gewefen Stoppel-berg inn Weftphalen / von welchem Haufe man noch heüt zů tage fihet alte gemewer/ auff dem Hügel bey dem Waf-

serlein

ferlein Emmer/nicht weit von der ſtat Stenen/bey dem Schloß Aldenburg.

Der Biſchoff zů Badeborn/vnd die Graffen zůr Lippe haben diſe herꝛſchafft vnder ſich getheilet.

Das geſchlecht diſer Graffen findeſtu droben bey der herꝛſchafft Arnsberg.

Tecklenburg/ Eine herꝛſchafft ligt im Stifft Oſnabruck.

Anno 860 zůr zeit Ludouici Pii hat gelebt Graff Cobbo von Tecklenburg/iſt dem Keyſer lieb geweſen/darumb er auch inn vn- dern Sachſen ſich viel vnderſtanden/inn den Stifften geordnet was er gewolt/vnd als der Biſchoff zů Oſnabruck von wegen der Conſpiration/ſo wider den Keyſer gemacht war/fliehen můſte/vnd heimlich inn das Kloſter Fulda kam/da entzog diſer Graff dem Biſthumb viel gůter/vnnd gab ſie zům theil dem Kloſter Corbey vnnd Herfort/ da ſeine freünde innen waren/vnd damit ſie denen bleiben mochten/ hat er verſchaffung gethan/ das ſolche leüte zů Biſchoffen des ortes auffgenommen wurden/ die es wol bleiben lieſſen. Metrop. lib.i. cap.40 & lib.i. cap.i7.

Anno 1176 als Heinricus Leo iſt bekrieget vom Keyſer Fri- derico/vnnd des Reichs Fürſten inn Sachſen/iſt Graff Simon von Tecklenburg dem Ertzbiſchoffe zů Cöln zůgezogen/ aber inn der ſchlacht gefangen worden/vnd nach ſeiner erledigung trewlich bey dem Hertzogen gehalten. lib.6. cap.39. Saxo.

Denn als der Keyſer für Lübeck kam/wolten jhn die Lübecker/ die doch ſonſten dem Keyſer wol geneiget waren/nicht einlaſſen/ weil des Hertzogen volck darinnen lag/vnder denen der fürnemb- ſte war Graff Simon von Tecklenburg. cap.43. eiuſdem loci & libri.

Anno 1178. iſt Simon Graff zů Tecklenburg in der ſchlacht mit dem Biſchoff Weichman zů Magdeburg/vnd Vlrich zů Hal- berſtat gehalten/mit vielen andern herꝛn erſchlagen worden/ ſagt Chro. Saxo.

Simon/Graff zů Tecklenburg		
Otto/diſer hat dem Kloſter zů Diſede viel gůter geben/ welche der Biſchoff zů Oſna- bruck beſtettiget hat. Me- trop. lib.6. cap.44.	Sophia Graff Herman zůr Lippen gema- hel. Anno 1200.	Simon. | Ludwig/Biſchoff zů Münſter. Metr. lib.7. cap.15.

Anno

Anno 1201 ist Graff Simon Ludouici vatter von Tecklen-
burg/Graff Adolff von Holstein dem Marggraffen Otten beyge-
standen/wider den Rönig von Denmarck Canutum.lib.7.cap.18.Sax.

Anno 1207 hat diser Graff Simon von Tecklenburg mit
Graff Herman von Rauensburg gekriegt/vnd als sie im felde zů
samen kommen/thaten sie ein solch treffen mit einander/das Graff
Sün on tod blib. Aber gleichwol gewahn sein volck die schlacht/
vnd fiengen Graff Herman von Rauensburg/vnd seinen son Ot-
ten/müsten sich beyde lösen. Chro. Saxo.

Es haben auch die Graffen zů Tecklenburg dem Bischoff zů
Münster Gottschalco hart zůgesetzt/weil er nicht von hohem A-
del geborn war/aber er hat sie wol gedemütiget. Metrop.lib.7.cap.11.

Als der Graff von Isenburg ist geradbrecht worden/von des
wegen/das er dē Bischoff zů Cöln hatte ermordet/war der Graff
von Tecklenburg auch schier zů masse kommen/wenn er sich nicht
der auflage hete genug entschuldiget.lib.7.cap.43.Metrop.

Anno 1280 ist der Graff von Tecklenburg/bürge worden/für
Graff Simon von der Lippe/der vom Bischoff zů Osnabruck ge-
fangen war. Metrop. lib.8.cap.51.

Anno 1385 haben die vō Osnabruck/mit hülffe der stat Mün-
ster den Graffen von Tecklenburg bekrieget/vnnd dahin gezwun-
gen/das er sie müste lassen bey jhren alten gerechtigkeiten bleiben.
Saxo.lib.10.cap.7.

Graff Nicolaus von Tecklenburg/Graff Otten son/hatte zům
ehegemahel eine Gräffin von Moirs oder Morse Dieterichs des
Ertzbischoffen zů Cöln schwester/hat seine güter vom Bischoff zů
Osnabruck in die Lehen nemen müssen. Metrop.lib.10.cap.4.

Er hat einen Brůder gehabt/Graff Otto/der hat zůr ehe geno-
men des Graffen tochter von der Lippe/vnnd mit jhr bekommen zůr
mitgifft vil güter der Kirchen zů Osnabruck zůstendig. Die hat der
Bischoff von jhm gefoddert/er aber wolte sie jhm nicht folgen las-
sen/darüber erhub sich ein schwerer krieg/Aber wie dem allem/hat
Bischoff Dieterich zů Osnabruck endlichen mit list so vil zůwegen
gebracht/dz er die güter der Kirchen wider bekam. Met.lib.10.cap.84.

Der Bischoff vō Münster hat des Graffen auch nit geschont/jm
auf der massen hart zůgesatzt/vñ jn endlichē dahin bracht/dz er jm
müste

måſte einen fůffall thůn/ vnnd die vorgeſchlagene friedwege an-
nemen. cap. ſequenti.

Dem obgenannten Graffen Nicolao von Tecklenburg hat der
Biſchoff von Minden das hauß Reynenberg genommen/ weil er
der Kirchen entwider war. Metrop. lib. 11. cap. 41.

Der letſte Graff zů Tecklenburg Cůnradus/ hat nur eine toch-
ter gehabt/ die hat gefreyet der Marggraff von Benthen/ vnnd
alſo die Graffſchafft Tecklenburg an ſich bracht.

Vechta/ Eine Graffſchafft ligt inn Weſtphalen/ der Bi-
ſchoff von Můnſter hat ſie jetzunder/ Graff Otto von der Lippe
zů Můnſter Biſchoff/ hat ſie mit groſſem geld darzů gebracht. Me-
trop. lib. 8. cap. 31.

Walbke/ Iſt vor zeiten eine Graffſchafft geweſen/ ligt im
Holtzlande/ bey Helmſtet.

Anno 9 6 9 hat gelebt Graff Leüthart/ der hat auß dem ſchloß
ein Kloſter Canonicorum Regularium geſtifftet/ damit er můſte bůſ-
ſen/ was er an dem Keyſer Otten verbrochen hatte. Chro. Saxo.

Es ſeind die Graffen reiche herrn geweſen/ als Herman Bil-
lings geſchlecht außgeſtorben war/ kam die Burggraffſchafft zů
Magdeburg an ſie. Annal. Magde.

Anno 1 0 2 4 hat gelebt Ludetus/ des Son Bruno/ ein Graff
zů Walbke/ iſt ein Apt worden zů Mönchenewemburg/ ſein brů-
der Siffridus iſt Biſchoff zů Můnſter worden. Cœnob. Monche
neuemburg Collect.

Anno 1 2 1 4 hat Keyſer Otto der IIII. die Pfaffen verjagt/
vnnd auß jhrem Kloſter ein Raubhauß gemacht/ damit er auff die
Stifft ſtreiffen kundte. Aber der Biſchoff zů Magdeburg ver-
ſtört es wider/ vnnd richtet auff die Canonej/ die denn noch jetzun
der vorhanden iſt. Annal. Magd.

Waldeck/ Eine Graffſchafft in Weſtphalen/ die noch heüt
zů tage vorhanden iſt.

Heinricus Leo hatte gefangen viel Herrn vnd kriegsleüt/ die er
dem Keyſer zů ehren wider loß ließ/ vnder denen war Graff Wide
kindus von Waldeck. Metrop. lib. 7. cap. 9.

Diſer

Diser Graff Widekindus ist mit dem Keyser inns Heylige land gezogen/ vnnd seine gůtter diewil dem frommen Bischoff zů Padebom Bernhardo befohlen. lib. 7. cap. 18.

Graff Widekindus ist der 30 Bischoff zů Osnabruck worden. lib. 8. cap. 7.

Anno 1300 ohngefehr hat gelebt Elisabeth von Waldeck/ Graff Heinrichs zů Hohnstein gemahel.

Graff Adolff von Waldeck der 44 Bischoff zů Vtrecht gewesen/ seine mütter sol Helena geheissen haben/ eine geborne Marggräffin von Brandenburg. Er starb Anno 1320.

Anno 1321 hat Graff Heinrich von Waldeck sein land vom Bischoff Bernhart zů Padebom inn die lehen genommen. lib. 9. cap. 5.

Anno 1385 hat gelebt Heinrich Graff zů Waldeck.

Graff Gotfridus ist der 38 Bischoff zů Minden worden/ der hat das feste hauß Petershagen gebawet an der Weser. lib. 9. cap. 19.

Hertzog Philipps von Braunschweig/ vnd Grübenhagen (der jetzigen herrn vattern seligen) Fraw Mütter Lysa/ ist eine geborne Gräffin von Waldeck gewesen.

I

Der letsten Graffen zu Walbeck Genealogia/ifft diese.

H. Graff zu Walbeck.

Philippe/ Grafft zu Walbeck/ fein erft gemahel Anna Gräffin
auf Frießland. Die ander H. eine von Hoyßfelde. Die dritt Jutta/
Gräffin von Older Lifenburg.

Philippe/ Stathalter auff der herrschafft Raueneburg/fein
gemahel Catharina von Doerfurt.

Francifcus/ Bi-
ßoff zu Mün-
fter.

Philippe/ fein erft gemahel
Albert/ Gräffin von der
Bona Oie ander Anna
geborne H. von Clere.

Heinrich/ Ana Friede
fein gema. flafia/ rich/
hel H. Hermani Vicarius, nd fallet

Marg
greth.

Barbarina/ Graff
Bernßarts zhr
Lippen gemahel.

Johan/ fein Franz/ fein gema.
gemahel Ana hel eine Alberion
na Gräffin berin.
von der Lippa

Philippe/
ein Thume
Bern.

Elifabeth/ Samuel/
Graff Krein fein gema.
barts zu Li- hel Anna
fenburg ge- Maria
mahel. Gräffin
von

Schwarzburg.

Ganther. N.N.N. Margreth.

Philippe N.N.N.
Söne

N.N.
Töchter

Albert Banß Jutta/ Irmela Magdal Wolf
Wal- Gülte- lena Lu- radh.
burg. rer. cia

Von der erften

Volradh/fein ge-
mahel Anafafia
Gräffin von
Schwarzburg.

Homonia/ober
Anna Erich

Erica/nam N. eine herrin von
euern herrn Melawn gema.
von Mans- hel.
barscheit.

Heine
rich
Wilßen

Barbarina/Graff Franz/ Elifabeth/
friderichs von der
Bola vermählet

Warberg/ Eine herrschafft im Braunschweigischen lande
gelegen/wiewol Crantz sie nůr Barones/ das ist/ Freyherrn/oder
Panerherrn nennet.

Anno 968 ist Arnolt herr zů Warberg/ auff dem Thurnier
zů Merseburg gewesen.

Anno 1184 sol Burckhart von Warberg/ beneben andern
Graffen vnd herrn zů Erfurd/im vnflaht/als der Bodem einfiel/
darauff in S. Peters Closter der Keyser Fridericus/ eine versam̃
lung hielt/verdorben sein. Crantz. in Saxoni.lib.6. cap.45.

Anno 1275 hat gelebt Cůnrad Graff zů Warberg.

Anno 1411 ist Heinrich Graff zů Warberg Bischoff zů Hal-
berstat gewesen. Metrop.lib.11.cap.3.

Otto/des Bischoffs zů Halberstat brůder/ist für Derneburg
von denen von Schweichelde erschlagen worden, Metr.lib. .cap.12.

Anno 1455 ist Graff Burckhart Bischoff zů Halberstat ge-
wesen. Metrop.lib.11.cap.35.

Warburg/ Eine herrschafft im Stifft Padeborn/davon
dise stat Warburg noch vorhanden ist.

Der 10 Bischoff zů Padeborn Meinwercus sol sie haben vom
Keyser Heinrich dem andern bekommen/ als Dedicon der letzte
Graff gestorben war/vnd also ist dise herrschafft zům Stifft Pa-
deborn kommen, Metrop.lib.4.cap.4.

Welpe/ Ist auch der alten Graffschafften eine. Albertus
der V.des namens/Graff zů Ascania/vnnd Ballenstett/nam zůr
Ehe Hildam eine Erbtochter/vnd Gräffin zůr Welpe/vnnd die
brachte jhm zůr mitgifft die Graffschafft Welpe/ward damit be-
lehnet vnnd ein Graff zůr Welpe/die jñen gehabt vnd besessen/biß
Anno 1435 haben die Hertzogen zů Braunschweig die herrschafft
an sich bracht. Chro.Saxo.& Saxo.Crantz.lib.11.cap.31.

Anno 1180 ist Graff Bernhart von der Welpe/ Heinrich dem
Löwen trewlich beygestanden/wider den Bischoff zů Cöln. Saxo.
lib.6.cap.19. Es ist auch diser Graffin der stat Lübeck mit gelegen/
da der Keyser ist dafür kommen/ lib.eodem cap.43. Ist also diser

J ij

Graff Bernhart/ Heinrici Leonis gar gůter/ vnd getrewer freünd
gewesen/ vnd fest bey jhm gehalten. lib.7.cap.1.5.& 18.in sua Saxo.

Anno 1208 ist Graff Iso von der Welpe Bischoff worden
zů Verden/inn der ordnung der 32. Metrop. lib. 7.cap.30.

Anno 1236 hat der Graff von der Welpe die stat Verden ein-
genommen. lib.7.cap.48.Metrop.

Graff Gerhart von der Lippe Ertzbischoff zů Bremen / hat
Graffen Bernhart von der Welpe dz hauß Ottersberg genomen.
Metrop.lib.7.cap.40.

Anno 1278 ist Bernhardus Graff zůr Welpe Bischoff zů
Magdeburg worden. Metrop.lib.8.cap.38.

Werle. Es sollen zwey Werle sein/ Das eine ist gelegen an
Meckelburg das land stossend/Keyser Heinrich hat alda seinen sitz
gehabt/als die Vngern inn Sachsen gefallen seind/ vnd alles ver-
wüstet/ist er eben auff Werle gewesen. Saxo.lib.3.cap.7.

Es hat auch der König zů Dennmarck/ Zw enteplochius dise
stat belegert/ weil sein brůder Canutus erschlagen war/ vnnd hat
sie eingenommen. Saxo.lib.5.cap.19.

Anno 1160 ist Hertzog Heinrich zů Sachsen wider die Obo
triten Wenden gezogen/ vnnd jhr land eingenommen/hernacher
als sie wider zů gnaden kamen/ hat er Nicloti kindern etliche lande
wider zů gestalt/vnder denen Werle auch gewesen/ vnd sich dauß
herrn geschrieben. Saxo.lib.6.cap.19.

Wie denn Graff Heinrich hernacher mit Graff Adolph von
Schawenburg/vñ Gerhart Bischoff zů Bremen/ Heinrichen vo
Schwerin/ist dem Könige zů Dennmarck ins land gefallen / liß
Craniz.lib.7.cap.38.

Dz and Werle sol in Westphalen gelegen sein/vnder dem Bisch-
thumi Cöln/vñ sol des geschlechts gewesen sein Graff Heinrich vo
Werle/Bischoff zů Padeborn Anno 1084/ welcher sich denn wol
hat gethumelt/ehe er dz Bisthumi behalten wid Graff Heinrich vo
Aslo/so wider jn erwehlet war/auch hat er seine promotorn Keyser
Heinrichen bey gestande/ vñ die Sachsen redlich zů Chor getribe/
sonderlich die Bischoff/so wid den Keiser ware. Metrop. lib. 5. cap.21.

Wernigeroda/ Eine herrschafft am Hartze gelegen zwo
meilen vber Halberstat/welche die herrn von Stolberg jetzt innen
haben/

haben/vnd kan wol sein/das es heist der Beringer Rod/das sie
es gebawet haben.

: Jr Wappen seind zwen Forellen Fisch.

Anno 937 hat gelebt Ernst herr zů Wernigeroda/ist auff dē
Thurnier zů Magdeburg gewesen.

Anno 1042 ist herr Heinrich zů Wernigeroda auff dem Thur
nier zů Hall inn Sachsen gewesen.

Anno 1207 hat Hertzog Wilhelm zů Braunschweig Lichtē
berg belagert/welches Graff Herman vnnd Heinrich von Werni
geroda Keyser Otten abgewunnen hatten. Da sie nůn in der besa-
tzung grossen hunger litten/kam Bischoff Albrecht von Magde-
burg mit Landgraff Herman von Dúringē/vnd speiseten die burg.
Chro.Saxo.

Anno 1240 hat gelebt Gebhart herr zů Wernigeroda.

Anno 1255 hat Graff Cůrt zů Wernigeroda zůr ehe genom-
men Elisabeth Hertzog Hansen tochter zů Lüneburg. Chro Saxo.

Anno 1261 hat Graff Gebhart von Wernigeroda etlichen
Witsen wachs am Clangen berge bey Gorslar dem Kloster Wal-
ckerieth zůgewand,

Vmbs jar 1273 findet man einen herrn zů Wernigeroda mit
namen Conrad.

Desgleichen auch vmb das jar 1301 Albrechten/vnd Friderichē
Graffen vnnd herrn zů Wernigerode.

Anno 1323 haben gelebt Conrad vnd Gebhart herrn zů Wer-
nigerode.

Also auch Anno 1332 Friderich vnd Conrad.

Vmb das jar 1358 findet man noch einen andern Conrad.

Anno 1381 verloren die Graffen zů Wernigeroda einen streit/dē
gewan jnen ab des Bischoffs haupeman mit hülffe der Burger zů
Magdeburg. Graff Cůrt wart gefangen selb dreissigste vñ verlor
ín die 70 Sattelpferde/Graff Dieterich aber entkam in die Bruck
Asserleben/darnach auff die Burg. Aber Bischoff Ludwig vnd
die burger zogen für Bapstorff vnd gewunnen die raubkirchen vñ
den festen hoff. Darnach zogen sie für Langeleben biß das Graff
Dieterich sich dem Bischoff gefangē einstellet/wolt er nůn loß sein/

måſt er geben 400 Marck/ den hoff zů Bapſtorff verlaſſen/ vñ ſein
land vom Biſchoff inn die lehen nemen. Chro.Sax.Met.lib.10.cap.23.

Anno 1385 haben die Sächſiſchen Fürſten vnd Hartzgraffen
einen offentlichen landfriden bewilliget/ dz man in Sachſen gleich
ſo wol/ als inn andern landen/ ſicher reiſen/ handeln vnd wandeln
möchte/ Diſen landfrieden ſol Graff Dieterich von Wernigeroda
nicht gehalten haben / inn dem er vnuerwarneter ſache d as hauß
Blanckenburg gewaltſamer weiſe eingenommen/ vnd zů gar Ty-
raniſch gehandelt/ Derhalben würt er geſoddert vnd angeklagt of
ſentlich im felde/ vnnd nach genůgſamer verhör / erkentnuß vnnd
vrteil zům ſtrange / iſt er vøn einem ſeinem diener Bleicherod ge-
nannt/ zům erſten verwundet worden/ auß geheiß der vmbſt-
henden herrn/ darnach von den andern jämmerlich durchſtochen.
Anno 1586/ vnd darnach gehenckt. Saxo.lib.10.cap.7.& Chro.Saxo.

Anno 1408 iſt Graff Cünrad der Älter von Wernigeroda ge-
ſtorben vnnd gelaſſen

Cünraden/　　　　　　　Albrechten/
　　　　　　Graff Bothen zů Stolberg vettern.

Anno 1411 iſt Albrecht Graff zů Wernigeroda der 35 Biſchoff
zů Halberſtat worden. Anno 1419 am tag Gorgonij geſtorben.
Chro.Saxo.

Anno 1422 hat Graff Heinrich der letſte Graff zů Wernige-
roda/ die Stifftgenoſſen zů Hildeſheim inn dem Aſſenburger ge-
richte geſchlagen. Chro.Saxo. Iſt Anno 1329 geſtorben/ vnnd hat
Graff Botho zů Stolberg die herrſchafft bekommen.

Wethin/ Eine herrſchafft vor zeiten an der Salah/ iſt das
hauß noch vorhanden.

Wideḳindus ſol es gebawet haben Anno 780. Seine nachkom
men haben lange zeit da gewohnet/ welches ſtammes vnd herkom
men denn ſeind die hochgebornen Fürſten zů Sachſen heüt zů tag
in Meiſſen vnd Thüringen wonende.

Anno 1107 hat Graff Thimo vø Wethin zůr ehe genommen her-
tzog Ottē tochter an d Leyna/ Jda genant/ vnd mit jr gezeüget Cün
radum Marggraffen zů Meyſſen/ der den Petersberg geſtifftet/
hat viel kinder gezeüget/ vnder andern waren

Heinrich

I

Heinrich/Graff zů Wethin.	Otto/von disem kommen die Hertzogen zů Sachsen.

Ulrich

Otto/diser ward Bischoff zů Minden. Metrop.lib.10. cap.15.	Heinrich/Graff zů Wethin. Da diser starb/ kam die Herrschafft ans Stifft Magdeburg.

Anno 1377 hat dise herrschafft Bischoff Albrecht võ Sternberg/da er dz Bisthumb verließ/vom Stifft verkaufft/für sechßhundert Marck. Annal.Magde.

Jetzunder habens jnnen die Krosicker/so die im Winckel genant werden/vnd darnach die herrn/so das hauß Rotenburg besitzen.

Das Wappen schreibt Brot.in Chro.Merse.lib.1.cap.11. sol ein Roter Adler im güldenen felde gewesen sein.

Winsenburg/ Eine Graffschafft ligt im Stifft Hildesheim.

Anno 937 ist Graff Heinrich zů der Winsenburg mit auff dem Thurnier zů Magdeburg gewesen.

Anno 1116 war eine grosse zwiespalt vmb das Bisthumb Münster/denn die Stifftgenossen wehleten einen genant Burckhart/ Keyser Heinrich gab endlich auch seinen Consens darzů. Aber als der krieg angieng zwischen dem Keyser vnd Sachsen/wurde diser Bischoff entsatzt/vnd Dieterich von Winsenburg angenommen/Da nůn der Keyser wider inn Sachsen kam/entsatzt er disen Dieterich/vñ nam Burckhart wider an/das weret so lange biß dz Burckhart auff dem wege nach Constantinopel/dahin jn der Keyser geschickt/stirbt/da würt Dieterich wider eingesetzt von Lothario/vnd des Bischoffs brůder dem Graffen zůr Winsenburg/vnd das geschah mit gewalt/sindemal die Stifftgenossen jme gantz zů wider waren. Metrop.lib.6.cap.9.

Des obgenannten Bischoffs brůder seind gewesen.

Hermannus/	Heinricus/auch Graff zů Asle oder Dasolo wie Crantz sagt in Saxo.lib.6.cap 18.vnnd Metrop.lib.6.cap.13.

J iiij

Vnd seind dise beyde Graffen vom Keyser neben andern verord
net/ das sie haben sollen helffen vertragen/ den vnwillen so der Bi-
schoff zů Bremen Adelbert vñ Heinrich Leo mit seinē fürmündern
der Graffschafft Diethmarschen halben/ wider einander hatten.
Metrop. lib. 6. cap. 18.

Hermañus/ ist der letste gewesen/ der hat an seinem Hofe gehabt
einen Edlen Ritter auß Schwaben/ den schickt er auff ein zeit hin
weg/ vnd inn seinem abwesen schendet er jhm sein Weib. Da nůn
der Ritter zů hauß kumpt/ vnnd findet die sach mit dem Weybe
nicht richtig / gehet er inn einem zorn inns Graffen gemach/ vnnd
ersticht jhn sampt dem Weibe im Bette/ vnd zeücht dauon. Als dz
der Bischoff zů Hildesheim durch einen sondern Geist erfaren/
zeücht er des orths vnd nimbt die herrschafft ein. Metrop. lib. 6 cap 21.
& Chro. Saxo.

Doch hat die Sächsische Chronica Anno 1133 ein andere mei-
nung/ warumb dise herrschafft võ Bischoffe zů Hildesheim einge
nomen sey/ vnd der Graff gerichtet/ Nemlich das er zůuorn den
Graffen von Luchaw hatte ermordet.

Alfeld die stat hat auch zů diser herrschafft gehört.

Anno 1240 hat der 29 Bischoff zů Hildesheim die Burg
herrlich lassen auff bawen vnd zůrichten. Bruschius.

Wipra/ Eine herrschafft am Hartze gelegen/ den Graffen
von Manßfeld jetzunder zůstendig.

Anno 1440 hat dise herrschafft Graff Bruno von Querfurdt
den herrn von Manßfeld verkaufft für 6000 Gulden.

Magister Cyriacus Spangenberg würt zů seiner zeit von diser
herrschafft auch weitern bericht thun.

Woldenberg/ Eine feine Graffschafft für zeiten / Bock-
lem die stat hat auch darzů gehört/ ligt im Stifft Hildesheim.

Anno 996 ist Sigmund herr zů Woldenberg auff dem Thur-
nier zů Braunschweig gewesen.

Anno 1182 hat Keyser Friderich Woldenberg das hauß be-
lagert vnnd gewunnen/ Dieweil es der Graff mit Heinrico Leone
gehalten.

gehalten. Saxo. lib. 6. cap. 41. & Chronicon Saxonicum.

Anno 1242 hat Graff Herman von Woldenberg helffen Mönchenewemburg auß brennen. Annales Cœnobii.

Anno 1270 lebte Graff Burckhart von Woldenburg/des söne waren

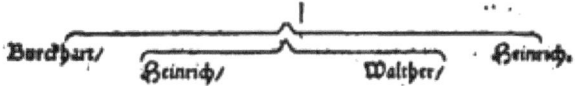

Burckhart/   Heinrich/   Walther/   Heinrich.

Anno 1310 ist Graff Heinrich von Woldenberg der 34 Bischoff zů Hildesheym gewesen/ hat siben jar regieret vnd gebawet den Steürwalt vnd Hundestuck Chro.Saxo.vnd nach jm ist Graff Otto auch Bischoff worden/ vnnd weil er der letste auß dem geschlecht war/ hat er die hertschafft ans Stifft bracht. Metrop.lib. 9.cap.3. & 11.

Der heilige Benno so vor zeit Bischoff zů Meissen gewesen ist/ vnd lang hernacher von einem hertzogen zů Sachsen erhaben/ ist auch ein Graff von Woldenberg gewesen.

Wolffenbeütel.
Anno 1091 hat alda gewohnet ein Edler herr mit namen Widekind der hat sich mit d' stat Braunschweig vnnd Marggraff Eckbrichts schwester Gerdraut verbunden/ wider Keyser Heinrichen den vierdten. Saxo.lib.4.cap.44.

Anno 1193 hat das Castel gewunnen vnd eingenommen Heinrich der Lewe/ vnd den Edlen herrn Ludolphum sampt seinem son Eckbrecht gefangen genommen/ vnd die zeit jres lebens in der Custodien gehalten/ auß vrsachen/ dz er jnen hatte zům verweser vnnd besitzer seines Fürstenthumbs vnd haußhaltung/als er in das Gelobte land gereiset / bestellet/ er aber vntrewlich gehandelt hat. Helmold.lib.1.cap.1.& Chro.Saxo.

Anno 1382 Jst Wolffenbeüttel eingenomen von Hertzog Friderich zů Braunschweig vñ der Stat/ weil hertzog Otto in der Messe war vnd bettet/ vnnd der hauptman mit seinem beystand inn die schencke gangen war. Chro.Saxo.lib.10.cap.5. Saxo.

Es haben die hertzogen zů Braunschweig das hauß vnnd die herrschafft noch heüt zůtage/ vnd halten jren sitz darauff.

Anno 1542 hat es d' Churfürst zů Sachsen/ hertzog Johan Friderich

J v

derich vnd der Landtgraff zů Hessen eingenommen/ derhalben/ dz für Hertzog Heinrichen die Protestierende stende/ keinen fride noch thů haben kunden. Ist aber hernach/ als der Churfürst gefangen/ jme wider nach seiner erledigung zůgestelt worden Anno 1547.

Wunstorff/ Eine Graffschafft im Hertzogthumb Braunschweig gelegen.

Anno 937 ist Friderich Graff zů Wunstorff auff dem Thurnier zů Magdeburg gehalten/ mit gewesen.

Anno 1114 haben die Graffen gestifftet das Augustiner Closter zů Verden. Metrop. lib. 6. cap. 33.

Anno 1260 ist Graff Widekind Bischoff zů Minden auff die Hertzoge zů Lüneburg vnd den Graffen von Wunstorff gezogen/ mit hülff der stat Minden / vnd gegē sie dz feld behalten. lib. 8 cap. 16.

Es sol auch Hildebrandus Bischoff zů Bremen ein Graff von Wunstorff gewesen sein/ schreibt Crantz in Metrop. lib. 8. cap. 20.

Anno 1461 haben gelebt Julius Heinrich vnd Ludolph Graffen zů Wunstorff/ werden in einē brieffe võ dem Graffen zů Mansfeld vnnd herrn zů Querfurt liebe schweger / Ohmen vnd G. H. genennet.

Anno 1481 hat Graff Ernst zů Hohnstein eine tochter einem Graffen zů Wunstorff ehelichen versprochen.

Hertzog Wilhelm zů Braunschweig hat dise Graffschafft erkaufft vnnd vnder das hertzogthumb Braunschweig bracht. Saxo. lib. 11. cap. 31.

Zorbick/ Eine Graffschafft ligt zwischen der Salen vnnd Elbe/ man sagt/ dz vor zeiten die Sorabi da sollen gewohnet haben/ vnd die Burg gebawet. Darnach haben sie einbekommen Widekindi nachkommen/ die Marggraffen zů Meissen/ Landgraffen inn Thüringen vnd Hertzogen zů Sachsen worden seind.

Anno 1260 bracht Rupertus ein Graff zů Mansfeld vnd Ertzbischoff zů Magdeburg dise herrschafft zům Stifft. Metrop. lib. 8. cap. 13.

Register

Register vnd kurtzer inn-
halt dises Büchß.

Dassel

Register.

Register.

T Tanquarts

Register.

Ende deß Registers.

Getruckt zů Straßburg

bey Josias Rihel / im Jar 1570.